不懂带人你就自己干到死

把身边的庸才变干将

〔比利时〕路易斯·卡夫曼 著
（Louis Cauffman）

若水 译

The Solution Tango
Seven simple steps to
solutions in management

中国友谊出版公司

图书在版编目（CIP）数据

不懂带人，你就自己干到死：把身边的庸才变干将 /
（比）路易斯·卡夫曼著；若水译．—北京：中国友谊
出版公司，2017.12
书名原文：The solution tango:seven simple
steps to solutions in management
ISBN 978-7-5057-4237-6

Ⅰ．①不… Ⅱ．①路… ②若… Ⅲ．①企业领导—领
导方法 Ⅳ．① F272.91

中国版本图书馆 CIP 数据核字（2017）第 275663 号

版权登记号：图字 01-2016-2292

书名	不懂带人，你就自己干到死：把身边的庸才变干将
作者	〔比〕路易斯·卡夫曼
译者	若 水
出版	中国友谊出版公司
发行	中国友谊出版公司
经销	新华书店
印刷	三河市文通印刷包装有限公司
规格	710×1000毫米　16开 19印张　223千字
版次	2018年11月第1版
印次	2018年11月第1次印刷
书号	ISBN 978-7-5057-4237-6
定价	45.00元
地址	北京市朝阳区西坝河南里17号楼
邮编	100028
电话	（010）64668676

如发现图书质量问题，可联系调换。质量投诉电话：010-82069336

Chapter 3　走对7步，迅速把庸才变干将

Chapter 4　带人要懂得掌控全局

Chapter 5　实战解读：给你一个新团队，你能怎么管

Chapter 6　带人过程中常见的问题

变化是不可避免的，唯一不变的就是变化。

——赫拉克利特

读这本书会破坏你问题导向型的知识结构！

写给中国读者

我带着对中国、对她的古老文化和现代文化，以及对中国人民的敬畏和深深的敬意写下了这篇序。我十分感谢这个把我的作品和中国的管理者、教练和商人分享的机会。

一开始我打算为中国读者重写这本书，增添中国的商业案例。可是，在我拿这个计划咨询一些中国同事和朋友的意见之后（他们都说：不要这样做！），我才意识到，这么做很冒昧，也是不必要的。

聚焦答案（Solution-focused Approach）的思维和工作方式与中国人优雅、实际、相互尊重的交际方式很接近。这本书全部是关于合作、未来、情境和循序渐进的工作方式的。它不是讲解决问题，而是讲如何构建解决方案。

很荣幸邀请你开始这次旅程。请阅读、学习，并把你学到的东西与人分享。

导读
会带人，你的工作才轻松

> 如果说我比别人看得更远些，那是因为我站在了巨
> 人的肩上。
>
> ——牛顿

本书讨论的范围

管理有许多经典的定义，其中的一个定义是：管理是指规划、组织、领导和控制一个组织成员的工作，同时利用其他的组织资源，以期达成组织的目标。这个宽泛的定义囊括了所有管理可能涉及的技术层面的东西。管理的内容，按照英文字母顺序排列，包括：审计、预算、控制、决策、环境分析、财务、群体行为、人际关系、IT、合资经营、知识管理、领导力、市场营销、谈判、运行控制、计划和生产、质量控制、风险评估、销售管理和销售战略、时间管理和团队建设……这个清单可以列很长很长。

我们假设读者已经是管理技术层面的专家，所以这本书将不会讨论这些"硬件"方面的东西。

这本书设定"管理是让人把事情做好的艺术"。毕竟，这是我们管理者的立身之道，我们的任务就是管理员工的行为，以实现组织的目标。伯特兰·罗素（Bertrand Russell）教给我们："变化和进步是两回事。"聚焦答案模式是一种实用主义的方法——它更关注朝着目标前进，而非变化本身。

为了更好地达成组织的目标，我们既要充当领导者的角色，又要充当教练的角色。领导者确定组织的前进方向，并且为员工制订指导性的行动方案；教练帮助员工尽力做到最好。一方面，过去的领导者那种发号施令、自上而下把决定强加于人的日子已经结束了；另一方面，如果管理者只扮演教练的角色，而缺少领导者的角色，这种管理风格就像大海一样浩瀚，不断变化，没有目标。所以我们说，教练和领导是管理这枚硬币的两面。

这本书为读者提供了大量的新理念和新工具，旨在帮助读者提升领导力和执教能力。

随着阅读的深入，你会逐渐领略到聚焦答案模式富有革新精神的典雅魅力，你将开始用全新的视角看待你每天（商业）生活中的问题与挑战。你会最终摆脱对商学院教条的依赖，因为这本书会帮助你更有效地解决日常管理中必须面对的问题。正如马塞尔·普鲁斯特（Marcel Proust）所说："真正的发现之旅，不在于寻找新的风景，而在于有新的视角。"

你应该期待什么

这本书力求成为聚焦答案模式领域的漫游指南，成为那些已经在工作中有一定影响力，但仍希望从聚焦答案模式中汲取创新理念和实战工具的管理者的实用指南，因此这本书采取了对话式的、通俗化的行文风格，书中插入了一些漫画以及大量的商业案例和实际生活中的例子。本书旨在成为指导读者行动的随身指南，所以本书更适用于随时随地翻阅，而未必需要正襟危坐地在办公桌前阅读。

在这里，我应该提醒读者，如果你喜欢阅读复杂的、理论性的管理书籍，这本书会令你失望。如果你喜欢读有趣的书，想在阅读学习的同时放松白天劳累的大脑，那就应该选择这本书。

本书的Chapter 1重点介绍了聚焦答案模式的基本原则。一旦你明白，分析人力和管理问题背后的原因不是帮助员工找到解决方案最便捷的方式，你就会利用"奥卡姆剃刀"剃除所有不必要的复杂的管理理论，使之符合"简单是最有效的"这一强有力的法则。常识的力量在聚焦答案模式的四个基本原则方面展露无遗："如果东西没有坏，那就不要去修补它。""不要做没有用的事情。""多做有效的事情。""如果你发现一个方法有效，那就把它教给别人，或者从别人身上学习它。"就像你见证了问题导向公司和聚焦答案公司举行的一场会议，你会看到聚焦问题风格和聚焦答案风格之间的区别。

在Chapter 2，你会学到如何提升语言能力，以及如何使语言更有影响力；为解决问题，什么办法是有效的，你可以做些什么；你会学到如何使用聚焦答案原理谈话，使得作为管理者的你与员工谈话的效用最大化，还有为什么聆听比讲话更有效；你会发现提出帮助建构解决方案的问题会比仅仅给出建议更有效。你会了解语言的魔法，这有助于你成为一个解决方案方面的天才。

Chapter 3将告诉你在与员工的互动中可以做什么。你要做的第一件事就是与员工建立良好的关系，这是变化的动力。探索周围的环境，你可以确定什么是你要为之努力的有效的目标。举个例子，询问你的员工关于一些例外情况的解决，看员工用什么资源解决问题，你可以利用这个机会称赞他，鼓励他再接再厉。当员工困在问题的泥沼中走不出来的时候，你可以把你对问题不同的、多角度的看法告诉他，这种做法有着神奇的力量，会极大地促进员工解决问题。

Chapter 4提供的是一张帮助你在商业丛林中安全前进的流程图。通过回答四个根本问题——"你是在处理一个难题还是在解决一项限制？""要寻求帮助吗？""这种请求可行吗？""你能够利用你的资源吗？"——可以确定你在流程图上的位置。针对每一个位置，我们都设计了具体而明确的干预方案。流程图会告诉你，在什么时间进行哪一项干预，最能帮助你达到事半功倍的效果。

到这里，你已经学习了聚焦答案管理的三个最重要的工具：聚焦答案谈话、7个问题解决步骤、流程图。

在Chapter 5里，你将坐到剧场前排，现场观摩。这一章讲述了一个虚拟公司——聚焦答案公司的故事，它刚与另外一个公司合并，处于战略调整期。这一章是以剧本的形式呈现的，它向我们展现了聚焦答案模式是如何在现实生活中发挥作用的，让我们来看看罗纳德是怎样解决皮特和约翰之间的权力斗争的吧！如果你很好奇，急切地想感受一下聚焦答案模式是什么，那你可以先读一下这一部分的对话。

最后，在Chapter 6，我们将就一个专题进行讨论，我们将设定一个场景：你碰巧是一家不太理想的公司的管理者，正在与一群不太理想的同事共事。有一些问题是我们经常想问、却不敢宣之于口的，你会在这一章看到对一些这样的问题的回答，比如："在我和CEO同乘一辆电梯的三分钟里，我有一次千载难逢的机会向他说明我的聚焦答案模式是什么。"或者，"天啊！我有一半的员工简直是白痴！"还有，"员工斗争激烈，该怎么办？"这本随身指南还回答了许多其他有价值的问题。

魔方

我们可以把这本书比作一个魔方，六个章节各代表魔方的一面。你可以旋转这个魔方，于是这个魔方的样子会变化，但是整体的形态不会变。而且，每一章都有多个层次，可能会包含其他章节的内容，只是看问题的角度不同。

随着你阅读每一个章节，你会获得对你的工作的全新理解，同时，你也会逐渐加深对聚焦答案方法的理解。此外，聚焦答案方法还提供了帮助你提升交流技能的工具。

在读这本书时，我强烈建议读者一边读书，一边思考如何把从书中学到的东西应用于自己的工作中。我鼓励读者自始至终将从书中看到的与自己的工作进行联系和比对。

如何阅读这本书

> 我们称之为开始的往往是结束，
> 所以来到终点，也就是来到起点。
> ——T.S.艾略特

如果读者希望学得快一些，或者没有足够的时间和耐心读完这本书，那么你可以只读Chapter 2基本原则的部分，这一章是全书的概略。

如果你的时间略微多一点儿，或者对Chapter 1的阅读引发了你的兴趣，你可以跳到Chapter 5，阅读"协调两人纷争"的故事，你会学会如何把聚焦答案方法应用于实际生活。

如果你对某些特定的话题感兴趣，可以直接跳到Chapter 6，寻找常见问题的答案。

如果你喜欢趣味阅读，而不是学习，那可以浏览全书，读案例，看看书中的卡通画，这会让你对聚焦答案方法有个初步的了解，在你快乐地阅读时，你也在不知不觉中学习着。

如果你想彻底领悟本书多层面的丰富内涵，以及想抓住这种新的思维与工作方法的精髓，仔细通读全书，了解书中的每一个部分，全面了解这个新的思考和工作方法，那就坐下来仔细阅读全书吧。这本书不难，但也不是那么简单，在读的时候，趣味自来。

为什么会有这本书

20世纪80年代初，史蒂夫·德·沙泽尔（Steve de Shazer）和茵素·金·伯格（Insoo Kim Berg）在心理治疗的背景下提出了聚焦答案模式。从那以后，这一模式迅速传播开来，至今方兴未艾。这一模式在各种工作环境中有着卓越的适用性，在商业领域中，更是被视为一种"商业程序驱动器"而找到了它广阔的用武之地。

这本书是把聚焦答案模式原理与商界实际相结合的产物，旨在通过这种结合帮助管理者和企业从中获益。当我们把聚焦答案模式的智慧和技巧与竞争激烈的商业生活有机地结合起来时，我们实现了协同效应，获得了附加价值。

跨领域的交叉常常是富有成效的，虽然这样做也可能会带来风险。本书希望能够矫正那些过分简化的概念，或者我们称之为"过敏症"的东西——

过敏症一：一些心理学家坚持把他们系统化的心理学呓语（在谈论情感或行为时用词深奥但空洞的语言）强加在商业环境中，尽管他们对商业一无所知；

过敏症二：一些顽固的商业人士为了"政治正确"，假惺惺地称人员因素更像是公司的负债，而非资产。

这本书希望通过"聚焦答案模式"提供的简单而强大的方法，架起一座连通人际互动领域和商业领域的桥梁，并以期获得双赢。

现实是最好的老师

本书中出现的众多示例和案例都来源于日常实践，没有一个是编造的。书中阐释聚焦答案模式的每一个问题和每一个解决方法都来自于我们的亲身经历。

为了使例子看起来更清晰，本书中的许多案例都是以一对一的形式来讲述的。这些知识和方法同样适用于你与一个团队，甚至与整个公司的沟通和工作。这本书是从管理者的角度来写的，但是聚焦答案模式同样适用于公司内部和外部的咨询人士、人力资源经理、私营业主、企业家、培训人士，以及所有在工作中需要影响他人的人。

所有案例中的人物都是真实公司中的真实人物，他们的做法也正如案例所言。为了保护他们的隐私，我们更换了他们的名字和案例的情景，这样读者便无法辨别他们是什么人，来自哪家公司。如果你发现一个案例和你所经历的一模一样，那只是巧合，但这也说明了你在日常生活和工作中遇到的问题是普遍性的。

虽然聚焦答案模式在本质上并不复杂，但这并不代表你可以很容易就掌握它。请你更认真地对待聚焦答案模式的概念，更聪明地管理自己，管理你的公司。

这本书的目的是，帮助你把已经做得很好的事情做得更好。本书最大限度地减少了理论的部分，代之以案例、技巧、工具和建议，这些会让阅读更有趣味性，帮助你更好地学习。

请自由地把本书中的想法、建议、技巧和案例应用于自己的工作生活中。一边读书，一边做笔记，你就创建了自己的聚焦答案工作法。

　　当问题出现的时候——放心，问题肯定会出现的——这本个性化的书将会成为你得力的"解决方案生成器"。

　　请随意在书上写下你的笔记，毕竟，这是你的书。

Chapter 1
要带队伍啦，你准备好了吗

愿上帝使我们远离偏狭和牛顿之眠[1]。

——威廉·布莱克

尼科尔最近升职，担任聚焦答案公司一家工厂的财务副总监。财务总监很快就要休长假，他请尼科尔在自己的休假期内管理财务部门。财务总监离开去休假没几个小时，他的员工就开始在部门里逛来逛去，在别人的办公室里长时间聊天，几个人在会议室里开内容空洞、毫无目标的会议。部门气氛倒是很轻松，但大家都不按时完成工作。尼科尔为此略有担心，但是，她新任这个职务，还是决定要灵活处事。

然而，过了几天，尼科尔注意到一些同事一直在违反一项新规定，就是部门之间的门要保持敞开的状态。她不确定该怎么办：她应该忽略这

---

1 译者注：《牛顿之眠》（*Newton's Sleep*）是丹尼尔·曼哈尼（Daniel O'Mahony）所著的一本小说，布莱克以此喻指牛顿物理学观察事物角度片面狭隘。

个问题，还是提醒同事遵守这项新规定？当她看到门被关上的时候，要不要自己走过去把门打开？作为代理财务总监，她是不是应该觉得有人在暗中破坏，她应该群发批评的邮件，或者当众斥责违反规定的人，进行纠正？她是不是应该努力找出员工这么做的原因？是不是因为他们不承认她的权威？是不是她不是一个好上司，员工在用自己的行为提醒她这个事实？

尼科尔可以用许多方式回应。在认真考虑之后，她决定打电话给技术部门，让他们把所有门上的合页都卸了，不仅从现实上解决了这个问题，也给他人以警醒。

这是聚焦答案模式管理应用的一个真实、漂亮的例子。尼科尔的干预没有在公司中掀起纠正的波动，但是人们立即意识到没开门是违反了公司的规定，也没有导致员工的不快。

但是，真的就这么简单吗？

无论在生活中还是在工作中，变化都是不可避免的，唯一不变的就是变化。但是人们很难接受变化。这本书会教给你怎样面对这个难题，怎样一步步应对变化，让员工和你站在同一条阵线，避免与员工的疏离甚至对立。

别再给员工讲道理了，没人听！

传统管理模式都是从问题着手。面对一个问题的时候，我们受到的训练都是采取以下办法：首先，我们调查问题的由来，深入分析所有可能相关的方面；其次，我们探索问题的根源，努力弄清楚我们面对的问题是如何发生的、和谁有关、为什么会出现，按照传统的逻辑，只有到这时我们才能找到解决问题的办法，解决方案即消除问题出现的根本原因；最后，就是列出清除这些根本原因的步骤。

在处理简单的、技术性的问题时，这种因果关系模式很有效，这些问题都可以追溯出简单、清晰的原因。因此，因果关系模式是解决医学和技术问题的完美方法。比如，当你生病的时候，医生会取血样，进行化验，找出导致你生病的细菌，然后医生会开出能消灭这种细菌的药方；或者，早上你发现汽车无法启动，你会打开汽车的引擎盖，找出导致汽车无法发动的原因；类似的情况还有，比如在打台球的时候如果你用一定的力量去击打母球，母球撞击了8号球，那么母球就把动能传递给了8号球。

但是，如果用传统的因果关系模式来解决人与人之间的问题，我们会遇到各种各样的问题。

★ 人的反应方式不像细菌、发动机或者台球，人的反应无法像它们一样精准、可预测和可管控。当我们研究复杂的人和管理上的问题时，我们很难甚至无法找出单个的原因。有许多复杂的原因导致一个人这样做或者那样做。当我们寻找员工不理想的行为背后的原因时，往往会导致指责一个人是问题的"原因"。人们困囿于相互指责中，并没有改善问题。

★ 原因出现在结果之前，许多传统的管理模式迫使人们往回看，追溯过去，而忽略了未来。深入分析问题会对我们的思考有所助益，但另一方面，一份详尽的历史发展报告无法解决问题。

★ 问题导向型的管理者被认为是行内的专家和权威，因此他们应该告诉别人如何去解决问题。然而，我们都知道，当一个人吩咐其他人要怎么怎么做的时候，人们通常倾向于逆反。强势的建议往往招致员工为工作进行不下去找这样的理由："如果你坚持，那我就反对。"当然，这位"专家"也可以继续指责他人没有根据指示积极响应。但是，这不会有什么效果——相反，更多的干劲只能沦为沮丧。

让我们来看一下问题导向公司的战略会议是怎么开的，看你是否认可他们处理问题的方式。

周一早上，问题导向公司的战略会议召开：为了确定公司下一步的行动方案，问题导向公司的经理们觉得必须深入分析目前的问题出在哪儿、谁导致的以及为什么会如此。是哪里做得不够好？为什么竞争对手比我们强那么多？我们早就应该做什么了？为什么我们不能如期完成配额，为什么我们没有实现目标？这种糟糕的情况应该归咎于谁？我们浪费了多少时间，还剩多少时间？

在会上，他们询问每个人对于导致问题出现的原因的看法。他们对每个问题追根究底，深入分析。深层原因是什么？问题的根源又是什么？谁应该对此负责？

慢慢地，也是必然地，每个人都不可避免地沉浸在深入挖掘问题的行动中。在问题导向公司里，衡量员工专业性和智慧的标准是：他是如何发现和挖掘问题背后潜藏的深层次原因的。

难怪问题导向公司的员工很容易变得沮丧、压抑、毫无斗志。问题导向公司的管理者只会挖掘问题背后的原因和责任人。每个人都专注于挖掘问题背后最深层的原因，而忽略了解决方案。在一轮轮的讨论中出现新的问题，这让整个问题看起来无法解决。出现好结果的可能性极小。

虽然这个例子有点儿夸张，但是我们可以在现实中发现很多这样的例子。管理者不都是面对各种各样问题的吗？当然是的。但是如果你不想带着沮丧和头疼去处理问题，你还可以用别的方式。

带人其实是管人

管理就是要解决问题。人们遇到的管理问题都很类似，但是，在不同的模式中，人们解决问题的方式大相径庭。一个人看问题的方式影响着他解决问题的方式。在这本书中，你会读到许多解释如何创建解决方案的例子。

这里我们有必要解释一下聚焦答案模式最基本也是最简单的假设。许多年以前，大约在1300年，威廉·奥卡姆（William Occam）说过："我们不应该假设存在比绝对需要的东西更多的东西。"简单一点儿说就是："不要无谓地让问题复杂化。"再简化一点儿就是："简单是最有效的。"在之后的几个世纪里，这种逻辑影响和指导着大部分的哲学和科学发展。

聚焦答案模式正是遵循了这一传统，它用这个著名的中世纪哲学法则，消除所有不必要的复杂性。遵循奥卡姆的智慧，聚焦答案模式用尝试的力量来解决管理问题，同时创建快速而有力的解决方案。

以下四个基本原则总结了聚焦答案模式内在的常识逻辑。这四个基本原则是这么不言而喻，所以需要你认真地研读它们，否则很容易不得要领。当你努力思考过这四个基本原则和它们的重要意义之后，就可以去付诸商业实战了。简单是最有效的：

★ 如果东西没有坏，那就不要去修补它。

★ 多做有效的事情。

★ 如果一个方法没用，那就不要继续，尝试其他的方法。

★ 如果你发现一个方法有效，那就把它教给别人，或者从别人身上学
　 习它。

　　这里，希望读者花一点儿时间思考一下最近在（工作）生活中遇到的
问题，回想一下那些你为自己或公司解决困难找到有效解决方案的情况，
你会发现，很多情况下尽管你没有意识到，你就是使用了以上的一个或者
几个基本原则。

　　为了进一步加深理解，请再回想一下没有有效解决问题的情况，你很
可能会发现是因为你忽略了以上的一个或者几个基本原则。

你希望自己带的人是什么样，你带的人就是什么样

　　在聚焦答案模式中，只有当问题能够提供寻找解决方案的线索时，
我们才会聚焦于这个问题。虽然问题可能很严重，但是总是有一些时候问
题会暂时消失，或者问题没那么严重，或者和其他的时候略有不同。换句
话说，问题总是有例外情况的。聚焦答案型的管理者对这些例外情况感兴
趣，因为这些例外情况指明了问题的部分解决办法，他们可以把这些办法

扩展延伸成为完整的解决方案。

聚焦答案型管理者会问："虽然有这个问题，但是哪种做法才是有效的呢？"即使是在最糟糕的情况下，有的行动也是有效的，或者可能是有效的。所有的人类体系——小到个人，大到团队、大型机构——除了问题，也有可利用的资源。聚焦答案模式总是在发掘这些资源。

问题影响了你的回答，回答也反过来影响着问题。聚焦答案模式提出有效的问题，筛选出有效的回答。当你提出有效的聚焦答案问题时，每个人都可以发现帮助我们解决问题的资源。

解决方案属于未来，而问题属于过去。聚焦答案模式拥有一系列的干预措施，把你的注意力导向建构可能的解决方案。聚焦答案模式不是专注于过去的问题（为什么问题会出现），而是聚焦于期望的结果："明天或者下周你期望取得什么成果？"

这样，我们就不会溺死在问题的汪洋大海中，聚焦答案模式提供的理念、工具、技巧会拯救我们，甚至帮助我们实现极大的成功。

现在，让我们看看聚焦答案公司的战略会议是怎样进行的，注意它和问题导向公司的区别。

在欢迎诸位参会人员之后，会议主席提出了如下问题："我们会上要讨论的议题要对诸位和公司有帮助。具体有哪些议题呢？尽管我们遇到了一些问题，有哪些工作还是进行得很顺利？我们公司的优势是什么？想想我们过去的成功，我们是怎样实现的？哪些事情是我们要继续坚持做的？上一次我们遇到类似问题的时候是怎么做的？"然后请在座的团队成员发言讨论。

发言讨论一段之间之后，主席进行了总结，然后问道："现在我们已经就目标和我们的优势达成了共识，要解决公司现在的问题就容易多了。如果我们朝着解决问题前进了一点儿，哪些改变是你、你的团队和我们的客户会注意到的？"

每个人都变得充满激情。他们分享彼此的经验和知识，朝着更好的未来努力。衡量管理者专业性和能力的标准是他为达成解决方案贡献了多少新想法。当然，这里容不得天真的想法——每个人都知道，梦想很美，但是做梦不会带来财富。所以他们彼此提问，帮助彼此把梦想和希望转化为切实的行动方案。他们知道自己会遇到挫折和困难，但同时他们也知道，困难甚至危机，正是他们发挥优势的机会。他们并不是得了"问题恐惧症"，而是聚焦于解决方案。他们共同朝着积极的行动方案前进，一步步地努力。

 结语

这本随身宝典的Chapter 1给出了聚焦答案模式概述，我们了解到了支撑聚焦答案模式的基本原则。在未来的几章里，我们会详细了解聚焦答案模式，让你成为聚焦答案方法的专家。

在这个神奇的旅程中，请记住威廉·布莱克的几句诗：

一花一世界，

一沙一天国，

君掌盛无边，

刹那含永劫。[1]

---

1 译者注：出自《天真的预兆》（*Auguries of Innocence*），宗白华译。

Chapter 2
如何听，员工才会说；如何说，员工才会听

> 言语与魔法起初是同一件事儿，直到今天，言语仍保持着它绝大部分古老的魔力。通过言语，我们可以给别人带来极度的喜悦或最深的绝望；通过言语，老师将知识传授给学生；通过言语，演说家影响着听众，甚至主宰听众的判断和决定。言语唤起情绪，是人类相互影响的方式。
>
> ——西格蒙·弗洛伊德

沟通是与员工互动的行为。沟通是双向的——你传递并接受着信息。这一章会教给读者许多提升沟通效率——倾听与表达的重要技巧。

学会更好地倾听，你能够帮助你的员工变得更活跃、更有效，这反过来也会使管理者的工作更顺利。学会使用聚焦答案语言，更重要的是，学会提出建构解决方案的问题，会提升你与员工沟通的有效性。如果你能将提出建构解决方案的问题与倾听的艺术相结合，那么你就掌握了作为管理

者最强大的管理工具。

简而言之，你会发现语言对你和公司的魔力，并且你可以立即检验它的效果。读完这章的知识和丰富的案例，把学到的东西和你已有的智慧结合起来，放下这本书，走出你的办公室，与员工沟通，检验你新学到的技能，你会大吃一惊。

带人的第一技能：会听

倾听不仅仅是别人发出的声波震动你的耳膜。倾听意味着在听他人讲话的时候，不要让自己的先入之见扭曲别人传递的信息。你需要做到毫无偏见，敞开心胸，才能全面地理解对方的信息。简单地说，倾听就是真心地听别人讲话，而不是只听自己想听到的内容。当然，我们在听别人讲话的时候不可避免地会带有自己的理解，但是真正的智慧就是在倾听的时候仿佛自己对此毫无所知。带着"毫无所知"的态度去倾听看起来很简单，但是知易行难。它需要你努力让自己一直保持在"新手"的位置。要把"自我中心"抛在一边，同时不要显得过于无知，这需要你兼具勇气、智慧和灵活性。

带人小贴士：

专家知而言，智者问而听。

作为一位使用聚焦答案模式的管理者，你会比那些问题导向的管理者听到更多不同的东西，你应该着重听取例外情况、工具、资源、积极的资讯等相关信息，这一点我们会在Chapter 3详述。简而言之，你应该寻找那些在员工的思路中，能够天然地与可能的解决方案相联系的要素。你并没有忽视问题的存在，你关注所有能够指向解决方案的信息，即便是解决方案中最微小的部分。

带人·小·贴士：

　　好的倾听者能够在错综复杂的问题中找到解决之道。

在倾听的时候，你会比讲话的时候得到更多的信息。当你全神贯注地以极大的兴趣听员工讲话时，你会得到更有用的信息。倾听也改善了你与员工的关系，原因很简单——当别人注意倾听的时候，人的反应会更积极，会觉得自己被认真对待，被对方赞赏。其实，聚精会神地倾听是授权给员工最主要的方式之一。对于管理者来说，听胜于说。

带人·小·贴士：

　　在你讲话的时候，你什么都听不到。

如何说，员工才会听；如何下命令，员工才会行动

事实只是"我们以为"的事实，从来都不是"唯一的"事实。我们看问题的方式和讲问题的方式决定了我们看到怎样的事实。阿尔弗雷德·科日布斯基（Alfred Korzybsk1）教给我们："地图不等于领土。"我们活在领土上，但是我们只能通过地图来了解领土。语言是人们"绘制"他们的"领土"的主要方式。聚焦答案的语言使我们用不同的方式"绘制"我们的现实。接下来你会知道，这幅"地图"提供给你更简便地找到解决方案的路径。在接下来的段落里，你会学到如何用一种稍微不同的方式运用你的日常语言。焦点解决的对话原则很简单，但是也没那么容易掌握。

抓住谈话要点

1. 运用宽松的语言

管理者有时会以"不绕圈子"以及"直击要点"为傲，他们的语言也常常充满男子汉气概。毕竟，担任公司领导者的职务，使用商业语言给我们一种自己有强大的气场的错觉，会给人以强干、果断的印象。有一些人甚至认为用一种"上司式"的语气说话会让自己看起来更好。但是，请仔细想想，当别人用这种态度和你说话的时候，你会怎么反应？你会发现对方这种讲话方式会让你不愿意认真听，同时采取一种防卫的态度，谈话开始没多久你就会心想"你觉得你是谁啊"。

运用聚焦答案方法的管理者不那么关注自己的形象，他们更关注有效的结果。他们使用更宽松而不是指令性的语言，采取邀请的姿态，而不是

摆出指挥的架势。这并不意味着你缺乏领导的智慧和能力，也并不意味着你发现员工做得不好时不会纠正他们的错误。

你使用宽松的语言，引领你的员工自己思考，这反过来让他们能做出更好的业绩表现，也推动了他们的学习周期。

如果你总是100%确定，总是在向你的员工发出指令，他们不会学习。如果你是用试探性的并且相对宽松的语言，同时注意倾听，你的团队成员会学得机敏、灵活、富有创新精神。

宽松的语言增加了合作的概率，避免了双方的对抗。宽松语言的例子包括："如果我们……你觉得怎么样？""如果你选择……会怎么样？"等。此外，"也许""可能""可能会""很大可能"等表达方式会比"当然""现在""马上""我肯定"等表达方式更有效。

2. 谈论有效的部分

当你运用解决答案模式提供的方法谈话时，你要聚焦于"尽管有问题，什么还是有效的"，基于缺陷和问题的务虚谈话效率极低——这是问题导向式的讨论。表达对有效部分的兴趣会鼓励人们更多地讨论他们的资源——他们的优势在哪里，如何利用这些解决现在面临的问题。提出"在问题之外，什么还有效"这个问题也把员工的注意力指向那些问题没那么严重的情况和例子。所谓的"问题中的例外情况"提供了部分解决方案，是开始构建解决方案的完美起点平台。在下一章中，你会学到更多关于聚焦答案方法的技巧。

现在，请读下文这个例子，体会一下这种创新型的方法吧！

　　金斯利先生拥有一家很成功的塑料公司，他面临着处理女婿和没有亲属关系的CEO之间关系的难题。他的女婿是董事会成员，也是持股人，他强烈要求在公司中担任更核心的职务。这个女婿和CEO之间长期以来关系紧张。最近压倒骆驼的最后一根稻草是：女婿在之前未咨询CEO的情况下购买了一套新的电脑系统。CEO威胁说自己要辞职。金斯利先生对女婿感到很恼火，但也只能干瞪眼——女婿独断专行，而且和卖电脑系统的公司的订单已经成交了。

　　金斯利先生没有选择朝女婿发泄所有的怒火，或者和CEO私下里商量对策，他进行了更深入的思考。他静了一会儿，开始思考在成功的家庭公司中发生过的有益的事情，思考女婿过去做过的充满智慧的决定，思考CEO对于公司长远发展的重要作用。他没有选择思考女婿独断行为背后的"为什么"，没有回想女婿和CEO之前爆发的种种冲突，金斯利先生选择了回想女婿和CEO的成功协作为公司做出贡献的事情。

　　金斯利先生的怒火很快消失了，他决定和女婿进行一场开放性的对话。

　　金斯利先生说："我想说清楚，我不欣赏也不赞同你的独断行为。但是，那件事情已经过去了，我们也不会再在那件事情上纠结了。我想和你谈一些别的事情。你想想我的这个问题：'你认为，公司里比较好的事情是什么？你和CEO两个人是怎样促成了这些好的方面呢？'"

　　女婿吃了一惊，他以为岳父会大发脾气，也准备了各种反击的说辞。他立即领悟了这个问题中的智慧。他知道岳父是个坚持的人，他放弃了准备好的说辞，开始细致地回答这个问题。他们的对话是朝着公司的未来这个方向发展的，女婿认识到了和CEO更好地协作的重要性。在谈话结束的时候，两个人都同意开始一个公司治理方面的项目。

之后，金斯利先生约CEO开了一场会。会议一开始他就提出了同样的问题，最后两个人也达成了和前面的谈话同样的共识。

谈论行之有效的方法，而不是问题之所在，这样各方能够以建设性的态度发表意见，而不是僵持在常见的"谁对谁错"的争吵中。

3. 分析问题解决的原因

分析问题是如何开始和进一步发展的，这是问题导向的典型做法。但是，这种分析的结果通常是导致问题的进一步加剧。

聚焦答案方法采取了截然不同的姿态，它聚焦于问题的终结，因为这方面的信息直接带领我们找到解决问题的捷径。原因很简单——一旦我们确定了问题是如何结束的，就可以学会更快地终结问题。

让我们举一个生活中的例子。每一个有伴侣的人都会偶尔和他/她吵架（这当然是很正常的），大部分人都可以神奇地预测这些争吵一般情况下会如何发展。想想看，你很清楚爱人做什么事情或者说什么可以把你逼到绝路。实际上，爱人不在场的时候你也可能会对他/她生气。但是，聚焦于你们之间的冲突大多数情况下是如何解决的是有效的做法——你只需要说一些话，争吵就仿佛蒸发不见了。

办公室里的讨论和问题也是如此。一起工作了很长时间的团队发展出了互动的固定套路，这很有效，也很有用，除非这种套路让他们陷入问题之中。当你和一个经常争吵的团队一起工作时，你可能会想分析这些争吵常常是如何开始的。在你咨询了团队成员之后，你的分析结果很可能是：这是团队里某个人的过错。但是，如果你问团队成员和自己，他们是如何停止争吵的，有谁做了不一样的事情，那么你会得到更有用的信息，这样的信息极有可能帮助你停止他们的争吵。

一家飞速发展的电子元器件经销商流动资金周转出现了问题。问题很明显：他们需要极大地提高营业额来弥补逐渐增加的成本。信贷额度已经被拉伸到了极限。

销售总监提出的解决方案是增加额外的广告预算，更多地进行在销售方面的努力，公司"很有必要"投资建立一个大型网站，他的观点得到了市场营销经理的极力赞同。财务经理则设计了一个费用控制项目，他坚持认为公司必须花大力气进行成本控制。

现在读者可以很容易想象到矛盾之所在——没有销售努力（这需要花钱），就不会有营业额的增加；没有成本控制（通过费用控制可以提高利润率），就不会有现金流方面的改善。

我们可以预见后续的冲突——销售人员希望加大投资，但是财务经理希望节省成本。销售人员指责财务经理目光短浅，财务经理反过来指责销售人员没有节省成本的观念。销售人员指责财务经理不相信公司的实力，财务经理反过来指责销售人员不面对公司财务现状，等等。如果这样的讨论进行下去，这样的相互指责还会继续下去。

这时，不要问毫无益处的问题，比如"谁先开始指责对方的？""谁对谁错？""谁应该承认错误？"更有效的办法是问"这样的讨论怎么结束？""当你们没有冲突的时候，做法有什么不同？""那时候你们的做法是什么？""如果你们达成了一致，你们会做什么不一样的事情？"

换句话说，聚焦答案型的管理者更关注问题解决之后发生什么，用这种方法走出困境而不是聚焦于问题是如何发生的。

这里要提醒一句，我们聚焦于问题的解决不代表我们害怕问题！我们讨论的是出现在眼前的问题，但是我们用的是不同的方式。聚焦答案模式的目标更多的是与寻找解决方案有关，而不是聚焦于根除所有可能的问题。我们倾向于谈论理想的行为，而不是问题完全不存在的情况。

4. 提出构建解决方案的问题

正如我们已经提到过的，倾听是高效管理者的第一法则。这并不是说要倾听所有的声音，或者是倾听道听途说的各种毫无意义的闲谈。相反，我们在倾听中寻找信息：这是倾听是否有效的关键。

我们可以通过提出一类特殊的问题——构建解决方案的问题，从员工那里获取这些有效的信息。

你提出的问题决定了得到的信息（反之亦然）。因此，提出聚焦答案的问题帮助你建立一种合作的基调，使员工加入到共同构建解决方案的队伍中来。聚焦解决方案的问题会帮助我们构建解决方案！这与聚焦困难的问题截然不同——那些会把问题扩大化。

运用聚焦答案方法的管理者对加剧问题不感兴趣，不会采取短视的快速解决方案，那请你记住培根的话："提一个谨慎的问题自身就是一种智慧。"

带人·小·贴士：

　　提出构建解决方案的问题，解决方案自会出现。

提问题比告诉别人怎么做有更多益处

★ 你们提问一般都是为了获得信息。但是，运用聚焦答案方法的管理者更进一步。他提出的问题可以帮助员工反思自己在这个问题上的思维逻辑，引导谈话走向解决方案。提出好的问题是引领大家向前一步的理想方法。

★ 提出问题要比带着专家或者上司的姿态去进行一场对话更有引导和合作性。

★ 每个人都喜欢表达自己的观点，向员工提问表明你在乎他们的意见，这必然会增加他们的动力，提高士气。

★ 提问更有益于倾听：讲得太多会让周围的人厌烦。你在提问的时候是在邀请别人讲话，邀请别人贡献他们的力量。毕竟，这是你作为管理者的目标的核心——准许和鼓舞员工发挥创造力，更有动力地做出最大的贡献，帮助员工承担他们的责任。

★ 提问帮助你避免讲太多。额外的收益还有，它帮助你将注意力聚集到对方的故事上，而不是只关注自己的思维。

★ 最重要的是，提问比告诉员工怎么做有一个关键的优势：回答者对他的回答有责任感，因此他更有可能去做自己刚刚说过的事情。

构建解决方案的问题有多种类型

每一个问题都把回答者指向了某一个方向，这个方向暗含在提出的问题中。于是，每一个问题都包含了对答案的指向性建议。

在本书中，你会读到成百个构建解决方案的问题。根据问题的目的，每一个问题都可以划归到以下几类中。下文可以帮助读者设计自己的构建解决方案的问题。

①澄清性问题

"关于你团队的工作情况，你能进一步讲一下吗？""要帮助我更正确地看待这个问题，你还有什么要告诉我的吗？"或者在对话的后半部分提问："有什么我忘了问你，或者你忘了告诉我，但是又对这个问题很重要的事情吗？"

②持续性问题

"有什么事情在公司里发挥了很好的作用，虽然公司会做一些改变，但是哪些事情是你希望继续保持的？""什么应该继续保持？""你工作的哪一部分很顺利，你希望继续保持？"

③设定目标的问题

"要让这次会议有用，我们需要讨论什么问题？""你希望在会议结束之后知道什么有用的信息？""在这次会议之后有什么改变会让你觉得开这次会议是值得的？"

④会议之前是否有改变的问题

"在你安排了这次会议之后，关于你团队成员的纷争有没有什么变化？""从1到10的范围里，假设10代表问题完全解决，1代表你决定召开这次会议时的状态，你认为现在是几？"

⑤区分性问题

"有没有什么时候问题没那么严重？""那时候有什么不同吗？你们做了什么不一样的事情？"

⑥聚焦资源的问题

"虽然你们团队出现了问题，但有什么事情是做得比较好的？""虽然你们公司现在面临困境，什么是你们公司的优势呢？""你们的团队最强大的资产是什么？"

⑦提出例外情况的问题

"你有没有解决过类似的问题？""你是怎么做的？""谁帮助了你？""他是怎么帮你的？""在之前的危机中，你觉得最有用的是什么？"

⑧未来方向的问题

"想象一下问题已经解决了，那时候和现在相比有什么不同呢？""你会做什么不一样的事情？""部门的运作会有什么不同？""要解决这个问题，你会走出的很小的一步是什么？""假设现在你已经走出了很小的那一步，下一个很小的一步你会怎么走？"在提出这些问题的时候，用"会"要比"可能会"更有力量。

⑨三角问题

"其他部门会怎样注意到你们的进步？""如果情况有了改善，你的上司说你们应该做出什么改变？""要让你的上级把这个项目交给你，他需要看到你做什么事情？""你的同事看到什么会觉得这次会议是有用的？"

⑩建议性问题

"如果你尝试……是不是会有用？""你有没有想过……""你觉

得……会不会有用？""如果你团队的同事……会怎么样？"常使用建议性问题，你会发现即便是直接的建议，后面带一个问号也会有很大的改善，比如"现在，做……怎么样？会有用吗？"

为构建解决方案的问题添加暗示

现在你已经明白了提出构建解决方案的问题的力量了，接下来我们要为构建解决方案的问题再添加一味调料。你记得我们说过，提出的问题塑造了你得到的答案（反之亦然）。如果我们给问题添加设定的假设或暗示，对方的回答有很大的可能会基于你的暗示。在这一步里，你的暗示直接就被对方接受了。

这看起来可能很复杂，但是下面的清单会告诉你，它其实很简单（虽然不总是很容易）。在你细读这个清单的时候，你会对这个技巧有一定的感性认识。

通过练习设计自己的问题，你可以慢慢把这个方法变成你自然而然使用的一项技能。

下面是一些例子。

* ★ "怎样才能让你意识到这次会议是有用的？"（暗示这次会议是有用的，问题只是如何让你意识到这一点。）
* ★ "要改变什么，我们才不用再讨论这个问题？"（暗示这个问题可以被解决。）
* ★ "这么长时间以来，你们团队是如何解决缺乏人手这个问题的？"（暗示你的团队虽然缺乏人手，但是把工作做得很好，团队成员很

有能力。）

★ "什么时候你团队成员之间的合作要比现在好？"（暗示团队不是
　一直都缺乏合作，把注意力集中到积极的方面，注意这种问法和
　"你们的团队有没有合作得更好一些的时候"的区别。）

★ "你是怎么快速解决这个问题的？"（暗示他们之前这样做过，这
　次可以找到解决方案。）

★ "怎样会使公司高级管理人员注意到你们已经成功地完成了这个项
　目？"（暗示项目会成功，把"成功"表达为具体的形式，设定了未来
　的目标，这也帮助他们思考如何把项目的成功展示给高级管理层。）

★ "哪些具体的信号会让你认为这次收购是成功的？"（也是暗示成
　功是可能的，引导团队成员假设一个尚未实现的结果。）

★ "哪些会是有所改善的第一个小信号？"（暗示会成功，把团队的
　注意力集中到小的步骤上，小的步骤引领向大的成功。）

★ "上次你觉得项目会超出预算并且延期的时候，哪些做法是最有效
　的？"（暗示现在的情况不是毫无希望，把团队的注意力集中到上
　次出现类似问题的有效解决方案上。）

所有这些不同的提问方式都暗示你相信你的团队的能力，相信他们可
以解决现在的问题。这种态度会使团队成员有信心，引导他们对积极的结
果产生希望。

带人·小·贴士：

问题是解决方案的助产士。

5. 不断提问"还有什么吗"

聚焦答案型的管理者离不开的一个非常关键的问题是："还有什么吗？"这个问题鼓励员工提供更多的细节，提出更实际的观点。简单的几个字可以成为你问的最重要的补充问题。

但是，这有一个前提，就是你用这个问题来引出对方关于解决方案的更多细节。在讨论问题和困境的时候，"还有什么吗"这个问题会产生反作用——更深刻地挖掘问题，可能会过分强调困难。

带人·小·贴士：

在讨论解决方案的细节时，多多益善。

6. 不要问"为什么"

翻看前面列出的构建解决方案问题，你会注意到有很多"W"开头的问题，比如：谁（Who），什么时候（When），哪里（Where），什么（What）。我们常说的五个"W"里，聚焦答案型管理者要尽力避免的是"为什么（Why）"。

为什么最好要避免"为什么"这个问题呢？主要原因是，"为什么"之类的问题很容易会演变成"谁做的""谁的错"这些问题。团队成员讨论"为什么"会很容易演变成讨论谁是导致问题的罪魁祸首——这毫无益处。

有比问"为什么"更有效、更好的问题。比起"为什么你没有按时实现预算计划？"来，"下次你怎样按时实现预算计划？"或者"要按时完成预算计划你需要什么？"要更有效得多。

带人·小·贴士：

忘掉"为什么"，多问"怎么办"。

"如何说"的案例：迈尔斯父子公司

让我们看一下聚焦答案谈话是如何在实际生活中发挥作用的。读一下下面这个案例，试着分辨一下应用了哪些聚焦答案问题。也可以想一想，如果换成你，你会提出什么问题。

迈尔斯父子股份有限公司是一个家族企业，专注于为医药公司开发和制订药品包装解决方案。这家公司属于"幕后英雄"，非常成功，但是不为大众所知。迈尔斯先生（59岁）是公司的创始人和董事长，他是个发明家，也是个商人。他的商业敏锐度，以及一些他申请了专利的发明，支撑着公司以前的飞速发展。迈尔斯先生唯一的儿子，史蒂芬·迈尔斯（32岁）现在也在公司就职，但是他的工作内容并没有被清晰地界定。史蒂芬被视为他父亲的儿子和助手。虽然史蒂芬的名片上写着他担任的是市场总监的职务，但是他在那个职位上工作的时间屈指可数。

同很多家族企业一样，公司有一个看起来不错的组织架构表，但是高级管理层的职务和授权缺乏清晰的界定。企业重点放在公司业务实际是如何运作的，而不是应该如何运作。迈尔斯先生和儿子的工作关系一直不错，虽然迈尔斯先生一直严格控制着公司很多事情。

最近，迈尔斯先生出现了严重的健康问题，因此在过去的6个月里只有某些时间会在办公室工作。在这6个月里，史蒂芬担任了公司的CEO，他对公司的业务运作做了一些微小但是重要的改变，特别是在组织架构方面。

迈尔斯先生恢复了健康，回到公司工作之后，他和儿子史蒂芬之间的关系出现了裂痕。刚开始这种裂痕很小，迈尔斯先生对自己不在公司期间公司的变化表示惊讶。在某些问题上，这又变成了困惑。迈尔斯先生和董事会成员公开表达了自己的困惑，这是史蒂芬不愿看到的。迈尔斯先生很高兴看到在自己不在公司期间，公司运转得很好，但是对于公司的变化，特别是儿子没有告诉自己而做出的改变感到不快。史蒂芬则觉得作为代理CEO（以及下一任CEO），那么做是他的职责所在。

之后在一次董事会上，迈尔斯先生直接宣布取消了史蒂芬负责的一次去中国的实情调查行程，两人之间爆发了严重的争吵。史蒂芬的反应很激烈，董事会的成员看到两人之间的冲突目瞪口呆——这种公开的敌意以前从未出现过。在之后的几天里，两人都避免看见对方，后来几个星期两人都没有见面。迈尔斯先生和史蒂芬继续发出指令，却都不通知对方。很快，公司员工发现自己收到相冲突的指令，觉得自己就像是迈尔斯先生和史蒂芬战争中冲锋陷阵的兵卒一样。

这个问题应该如何解决？研究两人冲突的历史，分析冲突背后的原因很可能会引发更多的辩论和冲突。

另外一种解决方法是，鼓励迈尔斯先生和史蒂芬"坦诚地表达"，说出自己的感受和对对方的看法，但是会有两人进一步相互伤害的风险。

还有一些人觉得，研究父子关系中两人的心理会有帮助，但是这会有让他们的问题变得更私人化的风险。

聚焦答案的方法是非常实用的——我们的目标是帮助双方重新开始合作，像他们以前一直在合作的那样，最好是用最快的方式实现这个目标。换句话说，就是帮助他们"相互帮助"。在本书中，你会学到很多实现这一点的做法，但是现在我们只看一个带来这一改变的工具——聚焦答案谈话。

迈尔斯先生坚信，史蒂芬在利用这个机会夺取公司的控制权。儿子认为，他的职责就是保持公司的运作，他有权像父亲不在公司期间那样继续管理公司。他们已经尝试过通过理智的讨论说服对方端正对自己的定位，但是这只是让他们的冲突更严重。后来他们只是简单地在其他管理层面前指责对方。他们让员工说出自己的看法，但是没人敢清晰地表达自己的观点，因为父亲和儿子在管理公司方面都做得很好。员工被迫只对父亲或者儿子中的一个表达自己的忠诚。此外，董事会成员明白，不管他们说什么，都有陷入两人冲突的危险。

在两人关系更加紧张的几个月后，已经在公司工作了二十多年的公司技术总监约翰，觉得自己无法继续忍受下去了。在一次会议上，两人之间的纷争又让会议无法进行下去，约翰忍无可忍地说："恕我直言，先生们，你们个人的冲突在扰乱整个公司的运作，让公司陷入瘫痪。如果你们继续下去的话，公司的运作会停下来，甚至永远地停下来。请你们注意一下。"

参加会议的每个人，特别是迈尔斯先生和儿子史蒂芬都惊呆了。没有人想到平时安安静静的约翰会说出这样激烈的话。迈尔斯先生觉得自己作为公司的掌舵人应该站出来，但是他还是不愿站出来。他马上意识到约翰是对的。史蒂芬也意识到了同样的事情。约翰的爆发给两个人敲响了警钟。

约翰说："现在继续召开会议可能不太合适。我为我刚刚的爆发道歉。但是，我是公司的元老之一，我知道你们两位都是为了公司考虑。我也是，在座的每一位都是。如果你们同意的话，我希望和你们两位私下聊一聊，看看能不能解决这个问题。"

在迈尔斯先生和史蒂芬开口回答之前，其他参会的人都站起来走出了房间。迈尔斯先生和史蒂芬都认为有必要冷静下来，他们约好第二天见面。

那天晚上，约翰认真思考第二天应该如何做。"为什么是我捅了马蜂窝"这样的想法闪过他的脑海。约翰意识到，为了避免陷入以前那种纯理性的讨论僵局，他应该采用一种不同的方法。他想到，问两人一些问题可能是最好的方法。几个月前，约翰和团队同事在一次团队管理的聚焦答案模式培训中学到了这个方法。

此时，父亲和儿子在各自的房间里也在想着明天会议的事情。他们都知道，重复以前的争吵、像以前那样分析彼此的行为不会对解决问题有帮助。

第二天上午10点，在会议室里，迈尔斯先生首先感谢约翰提醒了他们两人："约翰，我很高兴你能把你的想法讲出来。我和我儿子之间的分歧已经持续了太久。"

约翰说："我一直在想怎么解决现在这个问题。在过去的22年里，我一直为能在这家公司工作而感到自豪，我一直很清楚，迈尔斯家族对于公司的发展至关重要。你们之间的合作也同样重要，迈尔斯先生和史蒂芬先生。之前你们的合作一直不是问题，你们的合作推动着公司朝着成功迈进。如果我昨天的话有些过分了，在这里我真诚地道歉。但是我没办法继续看着这种紧张关系让你们都很难受，看到这种紧张关系蔓延于整个公司。我知道这种情况是你们之前都没有料想到的，你们是突然发现自己处于这种境况中。我清楚你们都为这次会议做好了准备。但是，如果你们认可的话，我希望用不一样的方式来进行这次会议。"

另外两个人说："好，约翰，请继续。"

约翰："这次我们不再继续关注负面的事情，我希望和你们一起看一看积极的方面。除了现在出现的紧张关系，有没有什么事情是公司现在仍然运转得很好的？"

迈尔斯先生："我想这很明显，约翰。你知道公司现在什么做得很好，但是我知道你为什么要问这个问题。我觉得这个问题可以问每一名员工，这会让他们从负面的事情中把注意力转向更积极的方面。现在，我可以列出很多，但其中最重要的是公司的合作风格。"

史蒂芬："我同意父亲的观点，虽然这从公司最近不怎么合作的两个人口里说出有点儿傻。"（大家都笑了。）

约翰："呵呵，史蒂芬，很高兴你还有如此的幽默感。现在，我们讨论什么话题可以让这次会议有价值？"

史蒂芬："我希望澄清一下我和父亲之间最近发生的事情。"

迈尔斯先生："我希望我们两个人之间能重建秩序和和平，希望重新回到几个月前的合作状态。"

约翰："你们认为哪种很小的迹象会表明你们的关系在改善，你们正在朝着更合作的方向前进？"

迈尔斯先生很快回答："我儿子不再把我排除在外。"

约翰以同样的问题问史蒂芬，他说："我父亲要停止干涉我的工作，别管我。"

这两个回答都不是很有用。他们都说了对方应该做什么改变，约翰意识到这不会有助于解决问题，他没有轻易放弃，所以他继续提问。

约翰："让我重复一下我的问题，你会做什么事情来改善现在的状况？注意我说的是'你'，指的是自己做什么事情，所以请谈谈自己要做出的改变。"

迈尔斯先生："我会做什么事情来改善现在的状况？嗯，我们肯定不能照现在这样继续下去了。我会努力对史蒂芬态度好一些，但是不会什么都按他说的办。"

约翰："好，迈尔斯先生，那史蒂芬呢？为改善现在的情况，什么是你准备做的事情？"

史蒂芬回答说："我会邀请父亲参加我组织的指导委员会的会议，前提是他保证不会在会议上朝我发火。"

什么也没解决，但这是个好的开头。

约翰感觉到这两个回答开启了一些可能的解决方案，他继续问道："回想过去的几个月，有没有什么事情——不管大小——你们两人的关系在这件事情中有所缓和？那时候你们有什么不一样的做法吗？"

史蒂芬："当然有，我记得。在我们为了中国之行吵架之前的一周，我们和客户一起开会，客户抱怨我们涨价，在我向客户解释涨价原因的时候，父亲非常好，他全力支持我。那种支持特别好，我感觉很好。"

迈尔斯先生："对，我也记得那次会议。我很高兴被邀请参会。那是我在病休之后第一次见到公司主要的客户之一，史蒂芬在会上说，他和公司的其他成员很高兴看到我回到公司。那是我第一次感觉到我回到公司受到了大家的欢迎。"

约翰："很好！有没有什么其他的时候你们两人之间的合作也还可以？"

迈尔斯先生和史蒂芬继续谈起了其他的例子，两人之间的紧张关系慢慢消退了。约翰在他们讲出两人紧张关系中的例外情况的案例时，会表达自己的赞赏。

约翰："如果我没说错的话，你们说每次你们合作的时候，都会感觉到两人之间的紧张关系在消退。那要让两人之间更好地合作，你们有什么需要吗？"

史蒂芬直接对父亲说："我需要感觉更自在一些，当你在身边的时候，我不想那么紧张。"

迈尔斯先生回答说："对我来说，最小的关系改善的迹象就是你不再躲着我。"

随着对话继续发展下去，两个人都更愿意改变对对方的态度。

约翰："在接下来的几周里，你觉得什么是你可以做出的有利于两人关系改善的事情？"

迈尔斯先生愿意以更积极的态度和儿子相处。他说为此他会以更友好的态度和儿子相处，恢复邀请儿子参加家庭的周日聚餐，在员工在场的时候表达对儿子的认可（如果不同意的话，保持沉默）。

迈尔斯先生："我知道我不擅长表扬人，原来就不擅长，未来可能也不擅长，但是在你做得很好的时候，我会尽力说一些积极的话，史蒂芬。"

史蒂芬说，他会每周向父亲通报所有关于生产和销售数据的事情。

在会议的结尾，约翰赞扬了他们两个人，祝他们好运。

在这场对话之后的几周，所有相关的人都表示，他们看到了迈尔斯先生和儿子之间关系的改进，这让他们松了一口气。

迈尔斯先生送给约翰一瓶香槟酒以示感谢。

 结语

你学到了构建解决方案的谈话技巧，这对于你成为一个更好的领导者和教练是非常有用的工具。与倾听的艺术相结合，你提升了自己语言表达方面的技巧。

你还学到了如何提出构建解决方案的问题，这是使你的员工能够迅速并持续提高解决能力的核心工具。具备了这些基本知识之后，下一章里你将会学到构建解决方案的七步。

但是在我们翻开下一章之前，希望你花时间想一下下面这些问题：

★ 本章哪些内容是你已经在用的？

★ 要进一步完善你已经在用的知识，你需要做什么？

★ 你学到的最重要的三点是什么？

★ 你觉得哪一项是你会在日常工作中最先应用的？

Chapter 3
走对7步，迅速把庸才变干将

你通过与员工的互动来管理员工——正如跳舞也是一种互动。你根据不同的节奏引领、跟随、移动，尽力充当一个和谐的单元，避免撞到别人。在本章中，你将学到如何优雅地迈着舞步走向最终解决。你会学到聚焦答案的领导力和管理技巧，这会帮助你和你的员工在工作中表现到最好。和舞蹈一样，你在这个过程中也会享受到很多乐趣。

既然管理是通过人把事情做好的艺术，那么它就涉及人与人之间的互动，也是人们相互影响的过程。因此，人事管理不是一个单方面的独白，而是所有相关角色的对话。

和你学跳舞或者学骑自行车一样，学习总是包括两部分——你在学习的"内容"和你未来应用它的"方法"。或者，简单地说，就是学习的"什么（What）"和"如何（How）"。

这7个步骤构建了你与员工互动的模式。它们塑造了你们互动的过程，这里的"过程"指的是互动的形式，而非内容。所有人与人之间的互动都是由内容（对话的内容）和方法（如何互动）组成的。你如何提出一项要求，讨论的话题的排序，这都是互动的方法。讨论什么话题、预算多少、员工的业绩表现等属于互动的内容。

"解决问题的探戈"比喻的是互动的"方法"部分。在读完后面的内容之后，这种"术"的不同步骤会更清晰。现在，请相信这7个步骤存在于所有的互动中，包括一次会议，一次对话，乃至一封邮件。其实，你可能会认出大部分的步骤，至少是一部分，因为你很可能已经在一定程度上使用过它们。当然，你作为管理者是工作中的引导人——你为员工确定节奏和方向。

依次介绍这些步骤可以帮助大家记忆，但是，我在此提醒大家注意几点。

首先，我们用一定的顺序展现这些步骤，但是，这仅是为了帮助大家记忆。在实际运用中，包括在后文的案例中，你会看到只有一个步骤，即邀请的步骤（与对方建立工作关系）是固定在第一位的。后面的步骤的顺序依情况而定（话题、伙伴、情况，等等）。同时，正如优雅的舞蹈从来不是随意跳出的，解决方案的步骤就像是一个流畅的探戈，而不是混乱的、毫无秩序的乱蹦乱跳。

其次，在一次对话中你可能不会用到所有的7步，你会根据要解决的问题选择你认为重要的和必要的步骤，选择的主要依据是每个步骤的有效性。

解决方案的步骤很简单，但是可能的组合非常多。

在7个步骤中蕴含的"方法"使你通过有序、不断变化的方式与员工沟通和工作。作为聚焦答案型的管理者，你的工作难道不是帮助员工自己成长，或者帮助员工获得自我成长的能力吗？

为了方便读者阅读，我们为每一步设计了一个图标，帮助大家更好地

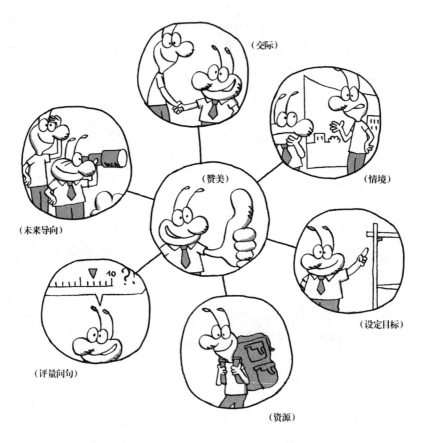

阅读。希望这些图标可以帮助大家学习书中的不同层次的知识，增加阅读的趣味性。

创建舒服的工作环境，让员工有更好的积极性、创造性去解决问题

现在花时间想一想……早上你进入办公室做的第一件事情是什么？你是不是左手举着咖啡杯，右手拎着公文包，直冲办公桌，既不看四周也

不说话？当然不是。你走进公司，看看四周，和人打招呼说"早上好"，有时还会和人握手。你花点儿时间和你的秘书说早安，有时会问问秘书周末过得怎么样，或者他的孩子最近怎么样。这就是你开始工作的方式。除非你想独自舞蹈，否则你需要邀请人与你共舞，这就意味着你需要和人接触，伸出手去——也就是交际。

虽然这看起来不言自明，但是当你观察一下周围的同事，你会惊讶地看到很多时候这一点都被遗忘了。有时候人们想当然地认为，这没有必要。人们似乎认为："哦，可是我们已经共事很多年了，没必要打招呼问好了……"想一想，如果你家里的成员突然间都决定没必要相互打招呼

了，因为你们已经在这个家庭里太久了，家里的气氛会是怎样的？

　　交际不仅仅是对人友好，不是总是装作一副"好好先生"的样子。交际是与人接触，交际的目标是与你的同事建立最佳的工作关系。交际意味着你要伸出手去，与他人接触——让同事和员工觉得你对他们感兴趣，无论是从做人的角度还是工作的角度，你都重视他们的价值。交际很简单，但人们也很容易忘记。你可以通过握手、和人打招呼、对别人感兴趣的事情表达兴趣、记住并提醒人们过去的事情并表达你对此的重视和记忆等开始交际。与人交际的方式多种多样，选择最适合你的方式，选择你觉得舒服的方式。

　　作为管理者，你可以通过交际这个工具创造最有建设性和合作气氛的工作环境。有很多你要这么做的理由。首先，绝大多数人都希望能够工作得愉快，在积极的环境中工作会让人感到愉快。在工作中感受快乐不是说要天天开派对，而是在日常语言和工作中让大家有所收获。

　　其次，如果和同事建立了良好的关系，他们会给你犯错的空间。当你说错话或者做错事情时，如果你和同事有着良好的关系，你的错误会更容易被原谅。

　　最后，这一点可能是最重要的，在管理中你有时候需要处理困难的情况。有时候在做出艰难的抉择后，大家需要承担负面的后果，沟通并采取措施。有时候人们不得不承担决策带来的艰难的变化。这时你与员工之前建立的关系越好，用建设性的方式处理这些困难的情况就越容易。

推进工作关系的建议

所有这些建议都有一个底线——建立积极的工作关系，越强越好。需要让员工和同事愿意与你共事，这种工作关系越积极，你们共同找出问题解决方案的时间就越快。

带人·小·贴士：

强大的工作关系是合作与变革的发动机。

那么，创建强大的工作关系的良方是什么呢？下面是10个帮助你的建议。

①确保你建立了一个积极且相互尊重的工作关系。在理想的状况下，这可以确保你的同事有着积极合作的良好心态。

②关注他们思考和讲话的方式，适应他们的语言。如果想要和某个人沟通，最好要说对方的语言——包括措辞语句，也包括其他非语言的层面。

③在分析情况的时候，快速、清晰、简明。要让对方认可你作为管理者和领导的位置，你需要展现出关注和正确处理事情的能力。不表态的陈述、玄妙的术语、复杂的专业词汇只会让问题更复杂。与现实脱节的理论上的"杰作"，还有展现自己的智慧，这可能在很多公司都很常见，但是这不会帮助你建立坚实的工作关系。这么做你可能会让他们印象深刻，满足虚荣心，但是不会对工作推进有什么帮助。

④简单——现实情况已经足够复杂了，没必要让问题更复杂。

⑤以对员工有效的方法为基础。虽然员工可能会询问你对各种问题的看法，但是总有一些事情是他们做得很好的。所有问题的情况都包含这样的要素，我们可以在此基础上以积极的方式构建解决方案。

⑥承诺很关键。如果你摆出不做承诺的技术专家的姿态，你很快就会出局。诚实地向同事和员工做出承诺。

⑦远离做他们的救世主的幻想（"没有我你们什么也做不了。""我是不可或缺的，因为我对你们解决这个问题至关重要。"）。提醒自己不要扮演传道者的角色（"我看到光了！如果你们按照我说的做，我保证你们会在公司很成功。"）。记住卡尔·惠特克的话："管好你传教士般的使命感，否则你会被食人族吃掉。"

⑧合作。你无法在真空中工作，而在公司中工作意味着要与人一起工作。从这本书中你会学到，团队（Team）代表一起工作的每个人可以做得更好（Together Everybody Achieves More.）！

⑨慢一些，顺其自然。在商业环境中，很少有"一见钟情"的事情，所以要花时间慢慢培养，从第一次接触慢慢发展到合作关系。

⑩黄金法则：演变优于剧变。

促成员工合作的劲能推进器："肯定组合（yes-set）"

语言像传送带一样，在你和你的员工之间来回传递着信息。我们在Chapter 2学到的解决方案谈话的各个方面就像是传送带的润滑油，让传送带工作得更顺畅。而"肯定组合"会让传送带的传输加速，是进行对话的有效工具。

出色的销售人员都会自然而然地使用"肯定组合"技能，他们在用到这一技能的时候有时都不一定意识到自己在用它。在"肯定组合"技能中，谈话的另一方也就是你的员工会对一系列明显的问题或陈述给出积极的反馈。在起初几次积极的反馈之后，双方沟通的氛围很可能会变得更积极。这种"肯定"的心态会让对方在后面比较困难的问题和陈述上也给出积极的反应。当你微妙地使用这一技能时，"肯定组合"会给谈话营造积极的氛围，推动你与员工的协作。

大部分日常和与工作无关的对话一开始都是从没什么意义的事情开始的，如"最近怎么样啊""天气很好"，等等。这些乍听琐碎的话可以用于"肯定组合"。这些事情与实际谈话的内容有关或无关都可以——因为"肯定组合"的目的是营造积极的对话氛围。

良好地运用"肯定组合"，也就是说，要根据实际情况调整开始时的对话。在董事会开头说"今天天气不错"既不优雅也与会议无关。适当的"肯定组合"问题在很大程度上要根据情况、地点和商业文化进行调整。

如果你把赞美与"肯定组合"和积极的建议结合起来，就为合作助推器增加了发动机，你可以预想到，这会给谈话带来神奇的效果。

举个在实际工作中"肯定组合"发挥作用的例子，在某一次会议的开头，你可以这么说：

"大家好，感谢大家准时到会（赞美）。这又是周一的早上（肯定），是一周的开端（肯定），在座的每一位上周五都收到了材料（肯定）。现在，大家都在（肯定），我们按照会议议程，会议开始（肯

定）。我们会在11点的时候安排短暂休息（肯定），然后开到午饭时间
（肯定）。在此我想感谢玛丽准备会议资料，并且和以前一样，准时把材
料准备好（赞美）。我想大家都看过材料了（赞美），形成了一些看法和
意见，会对我们接下来的会议有帮助（赞美和建议）。"

这种方式可以鼓励团队积极地思考，期待会议产生积极的结果。

调节员工的情绪，让员工从积极的角度看问题，找到合理的解决办法

没有人在真空中生活，同样，也没有人在真空中工作。我们遇到的每
一件事情都是在一个情境中遇到的。在很大程度上，这种情境决定了，至
少极大地影响了我们感受事情的方式。

下面是我们日常生活中一个简单的例子。当你处于工作中比较繁忙的阶段时，有许多事情需要你紧急处理，你会发现自己没有给爱人足够的关注。因为你没有给爱人足够的关注，你和爱人之间爆发了冲突，你可能没办法用简单的"我的确关注你不够，但是我真的爱你"来平息冲突。考虑到你没有给爱人足够关注的情境，这句话——虽然你是真心的——和你在正确的情境下说出有着不一样的效果。说"我爱你"更适合在有酒、吊灯、玫瑰，特别是有时间的情境中。

一个极端的商业案例可能会更清晰地解释情境的重要性。假设一家公司在庆祝公司成立十周年，公司正在准备下周要举行的全体员工、客户、供应商都参加的大派对。在派对举行的前一周，生产线上出了一次事故，两名员工在事故中丧生。这会是举行派对的好情境吗？你会取消这次派对，还是至少把派对换成另外一种不同的形式？会的。如果派对照常举行，仿佛什么都没有发生过，这对死者是非常不尊重的，仿佛在公司和员工看来，员工的生命无足轻重。

所以，情境（或者说环境）对所有的事情都有着很大的影响，那么情境需要我们给予适当的注意力。情境的重要性很简单，因为它是那么显而易见；但是又很复杂，因为环境中有许多影响因素，有一些我们几乎无法施加影响。让我们看一下你该如何用最好的方式处理情境的影响。

当你遇到一个问题的时候，很重要的一点是要仔细研究问题发生的情境。在工作中遇到的问题也是一样。比如，你要和一个新的团队一起工作，你想要了解这个团队和团队的各位成员，了解他们合作的情况；又比如你所在的公司进入了新的领域，你需要花大量的时间、精力了解情况，之后做出决策。

如果你还在公司承担了内部教练（Coach）或者导师（Mentor）的职责，会有员工找你寻求帮助，因为他们认为自己在工作中没有朝着正确的方向前进。作为教练，花时间问员工问题，了解员工所处的情境和工作的环境，可以使你更有效地帮助员工解决问题。你可以大致按照这样的方向问问题："很高兴你来找我咨询。虽然我也在同一家公司工作，但是我并不知道你和你的工作的很多情况。所以，请允许我先问你几个问题。在我们开始解决你面对的挑战之前，讲讲你自己的一些情况吧。你在这里工作多久了？你在公司确切的职责是什么？你的职业发展路径是怎样的，优势是什么？如果方便的话，可以讲一下你的个人生活吗？"

即便你已经和他共事了很长时间，你也可以问这些问题，原因很简单（如果你对自己和他人诚实的话），你也许对对方了解得不多。在公司中有这样一个奇怪的悖论，你和一些人每天一起工作，共事了很多年，你觉得自己很了解他们，但是同时，你几乎不知道他们在私人生活中真正的样子。这也是为什么一开始你最好通过充足的社交和他们建立良好的工作关系（见第一步）。

情境问题告诉踏进你办公室的人，你更关注的不是他的问题，而是他这个人。这本身就告诉他，你尊重并且欣赏他。这是一个强大的互动——不仅在情感方面如此，在获取和给出帮助你找到解决方案的信息方面也是如此。

探索和明晰你与员工对话的情境也帮助你与对方对话、倾听、讲述。你与员工建立了良好的关系，有极好的机会继续一同工作。

帮员工把目标分解成一个个动作，让目标清晰有效

对于足球运动员来说，在比赛中获胜的方法是让球进入对方球门的次数比球进入我方球门的次数多。双方在球场上有各种各样的招数，但是他们心中有同一个目标——得分（Scoring goals）。

这是每一位管理者和工作的人都要记住的一点。

带人小贴士：

没有目标，就无法成功。

作为管理者，设定正确的目标以及帮助员工设定正确的目标是关键性的任务。目标就像是路标，给员工的行动指示方向。混乱、不清晰的路标会让人走错路，对于用最短的路径到达目的地毫无帮助。

无论你和谁谈话，清晰、具体、实际的目标对于实现迅速、持久性的

效果都很重要。这里有一个极有用的"目标设定"问题："这次会议我们讨论什么内容，能够让这次会议对你（公司）有用？"这个问题在开始目标设定方面是个强大的工具。你可以在每次会议的开始用这个问题，让大家更关注目标，而不是讨论琐碎的话题。

目标设定是一个互动的活动，不是单方面一蹴而就的。目标设定是个持续的过程，每次一个（部分）目标实现了，或者失败了，根据这一情况后续的目标会调整。明白目标设定是一个持续的过程，这一点很重要，因为这可以让我们避免陷入错误的思想——"一旦目标设定了，就要一直坚持下去。"商业环境充满变化和机动性。

让我们先仔细看一下在这个关键的一步中发挥作用的所有因素。

制定目标的基本原则

1. 公司目标是第一位的

工作的现实告诉我们，公司的目标要优先于个人的目标。如果你只是为实现对自己有利（或只对自己的团队有利），而不是为了公司目标而努力，很明显，最后结果会事与愿违。作为管理者，你的一项工作就是看公司前进的方向，并根据公司的目标调整你的目标。看一下这个案例。

一家制造工业阀门的跨国企业做出决策，它的一家子公司要缩小规模，在这个过程中，子公司的所有部门要裁员15%。在这个决定公布之后不久，这家子公司的总工程师杰弗瑞给总部发了一封长长的备忘录。在这个备忘录中，杰弗瑞说，他带领的工程部门对于公司至关重要，工程部门的所有成员都是不可或缺的，一个人都不能被裁掉。他在备忘录中给出了另外一个裁员方案，杰弗瑞在里面详细列出了公司其他部门所有他认为无关紧要的冗员的名单。他的个人目标是在裁员中保持自己团队的完整，不要被裁员。对于他的工程部门的团队成员来说，杰弗瑞是一位英雄。但是，猜猜谁不高兴呢，是朱利安，子公司的CEO。杰弗瑞没有告诉朱利安他发了这封邮件，所以当公司总部告知朱利安这件事时，他感到很吃惊。他目瞪口呆，第一反应就是想当场把杰弗瑞开除。

朱利安在工作经历中明白——他也是经过一番挫折才学会的——按照冲动做事常常产生相反的效果，所以他约杰弗瑞开一次会。在等杰弗瑞开会的时间里，朱利安回想起了他在公司早期的时光。

在朱利安事业的起步阶段，他是一位年轻的工程师，受到事业野心的驱使，他也犯过类似的错误。所以朱利安决定先听听杰弗瑞怎么说。在会议上，他很快就明白，杰弗瑞这么做真的是出于对自己的团队和公司的利益考虑。朱利安对杰弗瑞说，他很欣赏杰弗瑞对工程部门的维护，但是绕过自己这位CEO做那件事是不能被接受的。朱利安指出，裁员要在所有的部门执行，工程部门也不能例外，子公司的未来需要他们降低成本。他给杰弗瑞两个选择，一是维护和坚持自己在备忘录中的立场，离开公司；二是配合裁员工作，帮助公司确定对各方都最佳的裁员方案。杰弗瑞开始明白他的行为对整个公司的影响，意识到自己犯了一个巨大的错误。他选择了继续待在这个职位上，支持裁员计划。在谈话的结尾，朱利安请杰弗瑞撤回发给公司总部的备忘录，邀请杰弗瑞撰写一个工程部门的裁员计划，裁员计划要保证工程部门保持其重要能力。朱利安还提出了对于不适合公司的解雇人员的"再就业计划"。这件事情的结果是，杰弗瑞的目标很快就与公司的目标实现了一致。

带人小·贴士：

　　如果你想更快升职，就要使你的职业
目标与公司目标保持一致。

2. 尊重员工的目标

　　公司是由员工和员工操作的机器设备组成的。即便是在大部分现金都花在硬件和投资上的资本密集型公司，公司资本的一大部分也是员工。如果你认为员工是一项重要的投资，你希望从投资中获得不错的收益，那么你自然而然需要对员工表示尊重。

　　有一些冷硬派、愤世嫉俗的管理者在工作和生活时有这样的假设：每个人在工作的时候都争取做最轻松的活儿，争取在领薪水的同时麻烦事最少。这一类管理者在员工管理方面不是很成功，这种不信任让他们没办法挖掘员工的潜力，失去了很多机会。

　　相比于这一类管理者，运用聚焦答案模式的管理者认为，每个人都会尽力做到最好，除非这种想法被证明是不对的。在此我想提醒读者，这不是天真的管理者的天真假设，必须抓住的一点是"除非这种想法被证明是不对的"。衡量员工的努力和控制工作效率一直是管理者的主要任务之一。

　　以尊重的态度对待员工和你的团队意味着你接受他们的价值观、观点、想法，即便你可能不赞同（只要这些想法不阻碍团队的成功）。拒绝或者否定他人的观点通常会引发紧张的关系，是不利于工作的。比如，对压力敏感的人常常被人视作软弱的，特别是在商业环境中。但是，这些人也常常是对公司发生的事情最敏感的人。因此，如果你尊重他们的高度敏感，带着敏感度去问他们问题，他们可以教给你很多公司的事情。尊重员工无害的"怪异"不会给你带来损失，而是总会带来红利。

要确保你的干涉聚焦于员工的利益。权力游戏、马基雅维利主义的机器等类似的存在是我们日常生活的一部分，它们也发生在商业的丛林中。如果你希望学会如何处理这样的事情，我推荐你从Chapter 6寻找答案。在这里，我只是简单地说，聚焦答案型的管理者有着强烈的道德原则，不做伤害员工个人的事情。

成功的聚焦答案管理总是在努力提高生活的每一个方面，改进在公司的工作，员工也会从中受益。同时，这种道德的方式也是很实际的——快乐（至少是满足）的员工会对公司贡献更多，他们愉悦地工作，为公司的利益贡献自己的力量。整体关注个体，个体有利于整体，在这样的生态结构中，整体和个体的价值都得到了最大化。这种"道德"和"实用主义"的组合，我们称之为"道德实用主义"。

下面是一个极端的案例。

一家大型工业承包商公司的员工需要频繁出差到国外的项目中去，因为公司的许多项目都是在国外。这给员工和员工的家庭带来了一些困难，因为员工常常一次出差就与家人分离几个月。超过平均水平的薪水在一定程度上弥补了这一不足。但是，公司的所有人都很清楚，这份工作要求员工和他们的家庭付出很多。

有一次，一位员工出差时，他17岁的女儿在家庭烤肉野餐上严重烧伤，被紧急送往医院。公司所有人都不再给这位员工安排需要出差的项目，直到他女儿痊愈出院。公司所有人甚至提议，这位员工在他女儿病情稳定之前，可以兼职工作。在他女儿漫长的恢复期后，还有大量的资金要花在整容手术上。公司的所有人通过一个基金匿名支付了整容手术的昂贵费用。当这位员工得知整容手术费用已经被别人付过时，他差点儿晕过去。他怀疑公司的领导支付了这笔钱，但是当这位员工当面问他时，领导否认自己这么做过。这位员工和同事谈起这件事，他们也都怀疑是公司领导付的钱……但是领导一直否认。

几年之后，公司的一个主要客户破产，导致公司也濒临破产。为了应对这次危机，300名员工全部自发同意公司延迟支付他们月工资的30%。公司花了6个月的时间才度过危机，公司存活下来了——其中一个主要原因就是员工部分工资的推迟支付。

带人小贴士：

公司对员工好，员工就会对公司好。

给员工设定的目标必须有效

如果你想用最小的努力获得最大的结果，那么我推荐你在设定目标的时候遵循以下原则。（如果出于莫名的原因，你希望用最大的努力获得最小的结果，那就做相反的事情吧！）

1. 目标必须现实、可行

这一点不言自明。但是，在实际工作中，这一点常常被忽略。"越多越好""越难实现，肯定就越好"等思维很容易让人要求过高，给自己和他人过大的压力。但是，在强力拉伸的时候，即便是最强韧的橡皮筋也会断开。作为聚焦答案型的管理者，我们总是在密切注意可以通过利用公司资源实现的有野心的目标。当你可以实现不错的季度业绩时，为什么还要想摘下天上的月亮呢？

在过去的几年里，威廉（29岁）升职了两次。他拥有经济学博士学位，在公司里被贴上了"高潜能"的标签。他现在是一家软饮生产公司副总裁汤姆的助理。威廉的工作是管理生产计划。汤姆因为轻微的心脏问题要在家休养几周，公司请威廉暂时代理汤姆的工作。公司高管对威廉说："如果你能够做好这次工作，你就会在公司更上一层楼。"

威廉像莽撞的公牛一样投入到工作中，他以过分的热情"紧闭双眼，向前冲锋"。他在投入工作中时，双脚先着地——即他有很多理论，但是没什么实际基层经验，就开始发出指令。他觉得自己的权力是被高层授予的，威廉开始过度延伸他的权力，给公司的生产计划引进了许多变革措施。他就像一位新上任的危机领导一样，不停地讲生产部门的各种美妙的新目标。

"如果我们决意这样做，那么我们的生产工厂会成为世界顶尖的工厂。我们可以使产量翻番，降低人员成本，甚至给市场和销售部门提供很多建议，因为他们几乎不了解我们拥有的生产机会。"简而言之，威廉被不切实际、难以实现的目标冲昏了头脑。而且，他也忘记了联系实际一线的工作经验，与团队的实际脱节。威廉很快就遭遇了困境，大家不同意他的做法，他的同事不喜欢有这样一个自命不凡的人来领导他们。不到两周，威廉的新职位就岌岌可危了。公司高层考虑不让威廉继续担任这个职务。

幸运的是，病床上的汤姆展现出了他出色的智慧。他写了一封邮件给高层，给威廉和工厂的一线同事："给威廉一个公平的机会，让他去做他有能力完成的任务，用你们多年的经验帮助他完成旺季的生产任务。如果我的身体状况允许的话，我会在幕后尽可能指导威廉。请继续做你们多年来一直在做的事情：为公司努力。"这封邮件的核心观点很实际。它给高层传递的信息是"不要过高地估计威廉，不要要求他去做他根本做不好的事情"；给工厂一线人员传递的信息是"不要低估威廉，不要轻易否定他"。在之后的几周里，汤姆请威廉每周到自己家两次，教给威廉管理的方法，悉心教导并安抚他，威廉也认同自己需要更多的指导。威廉的同事对威廉不再持批评的态度，而是给予他更多的理解，一系列积极的变化正在发生。

这个故事告诉我们什么道理？如果一个人抱着不切实际、无法实现的目标去工作，并且把这样的目标当作工作成败唯一的衡量标准，那么他距离失败就不远了。不管这种不切实际的目标是你加诸自己的，还是加诸别人的，结果都是一样的：失败。现在，让我们从积极的角度阐述这个问题：选择和设计实际、可实现的目标，可以极大地帮助你实现很好的结果。

2. 具体的目标要能够用可见行为描述

当目标不能用确实、清晰界定、可观察的行为表述时，目标依然是模糊和不清晰的。比如这样的目标："你应该更努力""你应该更有动力""试着更快一些实现目标""努力让你的团队更积极合作""在和人交往的时候更放松一些"，等等。这些目标是模糊的，因为每个人对这些表述都有自己的理解。这常常导致人们浪费时间争论应该如何、何时实现什么目标。很明显，上述目标难以实现——没有清晰的可观察的行为表示你是否实现了这些目标。在那样的情况下，你能否完成目标似乎只在上司的一念之间。

如果你把这些目标表述成切实、可观察的行为（因为你的进度可以被衡量），要成功地实现这些目标就更容易一些。"要准时"变成了"8点开始工作"；"要加班完成这个项目"变成了"完成当天的任务再回家，这周末必须完成这个项目"；"在公司与人交往时放松一些"变成了"当你踏进办公室的时候，对遇到的每个人问好，中午和同事一起吃饭"。当目标用实际的行为描述时，就更容易知道他想实现的目标是什么。这些行为就像是成功之路上的路标。简单地说，你越确实地描述你想实现的目标（要实现目标我要做什么，别人需要看到我做了什么），你就越容易实现目标。

让我们看一个商业案例（你可能知道这是哪家公司），学习如何把抽象的关于质量的概念，转化成实际的行为准则。（在你阅读的时候，你可以联想到各种抽象的管理学知识，你也可以看到当管理层没有把目标转换为切实的行为时，员工是如何地迷茫、混乱。）

Tooltech公司是一家跨国集团公司，公司为炼油厂设计和制造机器设备。公司准备在所有子公司进行ISO9001国际质量体系认证，公司有ISO9001流程的专家帮助各子公司实施这一质量体系。标准的工作流程是，当地子公司准备质量手册的第一版，然后公司的专家帮助落实项目。

伊冯是Tooltech的一位ISO9001流程的专家。一家子公司的总经理在做了几个月的准备后，提交给伊冯一份300页的质量手册。

伊冯仔细阅读了子公司提交的这本手册，她很快发现手册里只包含了非常理论化的知识，手册非常偏重技术的细节，但是计划没有说在实际操作方面怎么做。她觉得子公司的质量控制团队提交的是一份"普鲁斯特式的质量三部曲"，而不是ISO9001质量手册。伊冯知道撰写这份手册耗费了子公司很多的时间和精力，于是伊冯赞扬了他们的工作，她说，他们的第一稿对于撰写一份更详细的手册有极大的帮助，并且给他们发送了一些模板。子公司的经理和他的团队接纳了伊冯的表扬和建议。在伊冯的帮助下，他们把第一版稿件改成了一本36页的关于操作流程规定的小册子。这本小册子里满是关于怎么操作的内容，帮助人们按照强大的质量规定书写和操作："记录最佳实践的案例，写下做过的有效的事情，然后按这些流程操作。"

用这种方式，质量管理的目标转化成了实际的行动，实现了高质量。

3. 从小目标开始，努力实现大目标

成功酝酿成功。根据你的大目标，设定一系列的小目标会使得实现大目标更容易。得到你最想要的东西一个有效而可靠的方式就是，迈出小步伐，而不是妄图马上实现大的飞跃。小的成功孕育着更远、更大的成功。

马丁·路德·金、莫汉达斯·甘地、纳尔逊·曼德拉以及其他卓越的领导人除了都对人类社会产生重大影响外，还有什么共同点？他们都有远大的目标，从那时候起他们被视作极其有野心的、几乎无法实现又有可能实现的目标的灯塔。马丁·路德·金著名的"我有一个梦想"的演讲，呼吁建立一个那时的人根本无法想象的世界。年轻时纳尔逊·曼德拉说，他

希望有朝一日成为南非第一位黑人总统。然后他在监狱中度过了30年的时光。追逐梦想（有时）会让不可能的事情变成现实。

但是，与常见的浪漫主义想法相反，这些伟大人物的经历告诉我们，他们最终实现梦想的道路是极其漫长、艰辛、困苦的，甚至会威胁他们的生命。他们花了许多年的时间，实现了上千个小目标才一步步实现伟大的目标。

我们鼓励管理者创建有远见的目标，并且去实现它们，但是要记住，最好是一次迈一小步。另外有用的一点是要脚踏实地。并不是每个人都必须，或者需要变成下一个比尔·盖茨。如果你的目光超越了日常的工作，追随自己的梦想，并且把远大的梦想转化成小的可实现的目标，那么你可能会成为你团队的下一个比尔·盖茨。

此外，在确定大目标之下的小目标时，你也在自动地明确你不应该做什么事情，因此你节省了很多精力。

两家大银行计划合并，设立了琳达带领的专门工作组，目的是使合并工作更顺畅。工作组的大目标显而易见——使两家银行的合并工作更成功。根据以往的经验，琳达知道合并的工作很微妙。所以，工作开始的时候她就询问两家银行的主要员工在各自的公司什么是做得比较好的，什么是他们希望在合并时转移到新公司的。

这个问题帮助琳达向两家银行的主要领导传递了这样一个信息，即琳达会尊重他们公司的优势。然后琳达列出了两家公司的相似点和不同之处。琳达和工作组的同事一起设计了一个项目，帮助解决在所有的公司合并时都不可避免出现的问题，他们称之为"双方的优势"项目，这一项目的目标是避免在公司合并中经常出现的对于合并后公司主导权的争夺问题。

当然，两家公司有许多不同的地方。工作组的下一步是确定在接下来的6个月里解决两家公司各种不同之处的顺序。他们决定，（明显的）小的事情要迅速解决，比如在两个地点之间连接电话系统，对接公司内部网络，以及所有员工的名牌和职位的确定。琳达和她的团队在"双方的优势"项目中组织了几十场研讨会，这些研讨会除了提供合并进度的信息之外，主要目标是给双方公司不同级别的员工提供相互了解的机会。

小结：什么样的目标是有用的目标

当你作为管理者、导师或者教练，希望实现最高的工作效率，可以根据下面的检查清单确定你为自己、同事或公司设定的目标是否是有用、高效的，是否会引领你们走向成功。

有用的目标是：

★ 实际的、可实现的。

★ 实在的、有形的，比如用可观察到的行为描述。

★ 最好是从小的目标到大的目标。

目标设定中常见的错误

如果说"我们可以从错误中学习"这句话是对的，那么现在大家可以从下面的错误中有所收获。我们都犯过下面所描述的错误，警惕这些常见的错误可以使我们避免犯同样的错误。

1. 设定实现不了的目标

目标设定是管理工作的一项基本内容。在你的职业生涯中，你会做很多很多次目标设定。做到现在的职位，你肯定已经在目标设定和实现上有了很多次成功。但是，谁又没有设定过超出自己能力的目标呢？你确定你没有设定过需要太多人参与、需要做出太多变革的过于宏大的目标吗？你有没有沉浸在设定那些可以对市场产生巨大的影响力、一举摧毁对手的目标？你敢不敢说你没有追逐过不可能实现的目标？你当然这样做过，你是管理者，管理者会设定这种无法实现的目标。如果你成功了，那就是令人瞩目的巨大成功。但是，经验告诉你，这些目标通常不会实现。一般情况下，这些野心都会慢慢消退，或者让你感到尴尬，甚至成为你事业发展上的一次挫折。更可怕的是，你在公司的职位越高，你可以投入的用以追求无法实现的目标的方式和资源就越多。有时候，这甚至会导致你所在公司的破产。检查你的目标所伴随的风险不失为一个英明的举动。

想想伊卡洛斯的故事：如果你希望朝着太阳飞翔，就不要用蜡制作你的翅膀。如果你的双翼是蜡做的，那就不要朝着太阳飞。如果你真的成功了，那么这样的成功肯定会给你带来灭顶之灾。

2. 设定模糊不清的目标

你常常听到这样的评论："事情进展得不顺利，我们没有什么进展，有太多事情要做了，时间不够。"这样的评论之所以产生，直接原因是目标不清晰，员工不清楚在做的事情是什么，不知道应该做什么。如果目标不清晰，他们当然难以实现目标。因此，就很难确定有什么进展（乃至有没有进展）。既然员工不清楚努力的方向，也就不知道下一步该怎么走。

追求一个模糊、不切实际的目标会让人觉得不安稳，你的干预会使问题更模糊。你的员工会更缺乏安全感，员工与管理者之间更加相互不满。

目标设定在现实中如何发挥作用

你可以选择很多话题来阐述目标设定，但是如果选择自己作为目标设定应用的例子会更好。你自己是如何进行目标设定的呢？对你来说目标设定是非正式的，还是你会坐下来认真思考？阅读以下例子，你可能会把这些问题应用于自己的情境中，看看它们会如何引导你。

道格拉斯是一位经理，他有一个员工叫朱安，他们在一家医药公司的行政部门工作。朱安最近才担任一个9人团队的办公室经理，道格拉斯是朱安的上级主管。他们在开会理顺朱安最近向道格拉斯汇报的遇到的一些问题。

现在，让我们看一下目标设定的对话可能是什么样子的。

道格拉斯："朱安你好，很高兴你找我开这次会。在我们开始之前，你能讲一下你的部门最近的情况吗？你在这个新职位上多久啦？"

朱安："大概6个月了。但我也是最近才摸清楚做事的门路。"

道格拉斯："很好，这很正常，人都需要时间去适应。好了，你说要找我谈论一些事情，我们讨论什么话题会让这次会议对你和你的团队有用？"

朱安："我想你清楚，不仅我是新担任办公室经理的职务，这个职务本身也是公司最近才设立的，所以这对我在管理的团队来说也是新的。"

道格拉斯："是的，我们都很清楚。而且，就我所了解的信息，你做得很好。"

朱安："谢谢。但是还是有一些问题让我感到困惑，其实是两个大问题。这也是为什么我来找你开这次会。"

道格拉斯："很好，让我们解决这些问题吧。你想从哪个开始？如果你能在讲问题之前补充一些背景会很有帮助，这样我更能理解你的问题。"

朱安："其实问题不复杂，你知道的。这个问题包括相互联系的两部分。我新担任这个职务，我想知道我的团队是如何看待我的贡献的，除了我在做的事情，我还能额外做什么。另一方面，团队的组织架构很……不太好形容，也不算是混乱……但是，几乎没有组织架构。他们都很努力，工作得不错，但是没有大家认同的清晰的任务和职责的分工。几乎没有什么管理控制，有人工作表现不好时也没有反馈。因为我是新来的，我有点儿不太敢直接接手各种新的事情，怕他们不习惯。他们可能会觉得我是针对他们个人的，或者我怕那样做会让我处境困难。"

道格拉斯："嗯，我觉得你已经给你的团队把脉了。你提到了几点你想要改进的地方。团队很努力工作，这是个很好的开始。你觉得自己作为'新人'不应该盲目去抓很多事情，这体现了你作为管理者的基本素质，这也是个很好的开始。现在，让我们看一下你提到的几点：你自己的贡献，落实一些反馈机制，开始设定一些大家都认可的任务职责分工。什么是可以迈出的一小步？"

朱安："我可以努力带领他们，让他们配合我确定职责描述。我很确定现在团队里有些人在做其他人做过的事情，因为他们相互不沟通——而且他们也很忙。"

道格拉斯："你已经提到了一个很好的方法帮助他们合作。作为办公室经理，你监控你的团队员工的所有任务，从你的角度，你可以通过避免重复工作，帮助他们空出来一些时间。我相信这会得到他们的认可。"

朱安："对。而且这也可以让他们在职责描述的确定上合作，对吧？"

道格拉斯："我也认为是的，你觉得要和团队完成这件事，同时不干扰正常的工作大概需要多久？"

朱安："我想这件事和随之而来的一些调整可能要花3周的时间。之后我们只需要执行这些变化，看还需要做什么调整。"

道格拉斯："很好。如果你协调这个项目，这会不会展现你对团队的附加贡献？"

朱安："如果我慢慢做、细致地做的话，是的。"

道格拉斯："好的，这回答了你的第一个问题，也带领我们回到了你的第一个目标，也就是你对团队的贡献。你也可以直接问你的团队成员，看他们觉得你在哪些方面帮助了他们。"

朱安："我会这样做的。我们还有获得反馈的任务没有谈，但是在我们谈话的时候，我已经明白了，获得反馈可以在职责描述这件任务中很容易完成。很明显我们需要获得任务重新分配后的反馈。毕竟，我们做这件事是为了让团队更高效，也就是说，作为一个团队用更少的努力完成工作。每个人都想知道，这个项目能否在日常工作中对自己有所帮助。作为办公室经理，我可以努力寻找衡量团队进步的标准。我要仔细想一想，但是我想我可以做到。"

道格拉斯："很好。我相信你会在这个项目上取得成功的。现在，你还有什么想要和我进一步讨论的吗？"

朱安："没有了，现在这些足够了。我的目标已经清晰了，我知道如何把我的目标与团队成员的目标共享。谢谢。"

有用目标的自我测试

想一下你过去几个月在努力追求的几个目标。把这几个目标和下面表格中的元素对比。

实际的和可实现的	不切实际的和很难实现的
实在、具体 从小到大 ↓ 实用性高	抽象 太大 ↓ 实用性很低

回想一下你最终实现的目标，这些目标很大可能是归于左边这列。而那些你没有完成的目标，很大可能符合右列的特质。

我们每个人每天都在实现目标，所以，现在花几分钟罗列一下你在努力实现的目标，看一下它们的特征。如果你发现你现在的目标符合左列的特征，那么，你可以大大地赞扬自己，因为你很可能会实现这些目标。如果你发现你表达目标的方式是右列的方式，那么，还是要恭喜你，因为你可以及时用左列的特质重新表述你的目标。

调用你的资源，帮员工解决问题，达到目标

经典的问题导向管理模式是基于这样的假设：问题的出现是因为员工的缺陷和（或）资源的不足。换句话说，当问题出现的时候，肯定是出现了某种不足——人的能力不足（或人手不够）、没有足够的意志力或者企业家精神、竞争太激烈而我们太弱小，等等。

聚焦答案模式是从一个完全不同的立足点出发的，假设每个由人组成的系统，不管是一个人，还是一个团队，一直都有可以利用的资源，即便是在困境中！当问题出现的时候，我们可以理解为，相关的各方暂时丧失了对自己解决问题的可能性的信心，原因很简单，他们无法找到和使用自己的资源。可以说，他们（暂时）丢失了"如何使用你的资源"这本使用手册。

聚焦答案型管理者的工作是帮助他们的员工发现（或者重新发现）他们"忘记"的资源，并且（或者）给他们新的工具，帮助他们构建解决方案。在这种情境下，我们把"资源"定义为"每个可以用以创建解决方案的工具"。资源可以是无形的，比如努力、动力、对公司的忠诚、团队精神、专业知识，但是也可以是很具体的，比如沟通技能、危机和冲突管理能力、流程控制、业务洞察力、技术工具、时间、资金，或者注意力。有时候一开始负面的事情可能是积极的事情。危机可以变成机会——商业中的失败使你睁开双眼，丢掉客户可以促进你更关注客户，投诉会鼓励你更以客户为中心。简而言之，公司的弱点可以转变成改进的机会，威胁可以转变为成功。

我明白这种对资源的理解可能与你之前的观念是矛盾的。如果你很

不幸正为一个愤世嫉俗的上司工作，你觉得这样的公司和同事简直太特殊了，以至于认为他们不可能搞到任何资源，这时候先请放宽心。虽然当你深陷纠结、一片迷茫的时候，资源的概念不是"世上无难事，只怕有心人"这样的格言能代替的。但是，如果你把这种精神用在寻找要解决问题和应对挑战的方法上去的话，那么这对变革和维护管理绝对是一个卓有成效的工具。

资源导向的核心是，你把自己和员工的注意力转移到顺利的工作中，虽然你们依旧面临着问题。通过关注依旧顺利的那部分事情，关注可用的资源，你冲破了问题的迷障，增加了发现适合的解决方案的可能性。所以，请戴上你"侦探"的帽子，掏出"放大镜"，发现隐藏在你和你的团队中的资源吧。

帮员工侦查资源

人们在压力之下会忘记自己知道的事情，这一点难道不奇怪吗？让事情更糟糕的是，你觉得你的麻烦越大，你就越感觉问题无所不在，永远不会消失。当然，这只是你的感觉，而且是没什么用的感觉。要知道，关注问题无法解决的可能性是错误的。怀孕和死亡毫无例外，肯定是问题，但是——你在下一章会学到——他们其实不是问题，而是限制。

对于常见的问题"毒药"，聚焦答案的资源导向是一剂强大的"解毒剂"。通过提出正确的构建解决方案问题，你可以帮助员工发现他们原来认为自己没有的资源。这些资源有时候就存在于人们忘记寻找的地方——让我们一个个地查看这些"被遗忘的地方"。

1. 问题的例外情况

在商业世界中，没有一个问题一直存在并且强度一直不变。问题总是有例外情况，比如问题能立即被察觉到或问题不严重，或根本不存在的情况。

当你考虑问题的例外情况并仔细研究例外情况发生的环境时，你会意识到你的团队已经在利用他们的资源创造出了部分解决方案。

带人·小·贴士：

例外情况和资源是一枚硬币的两面。

一旦你明白了，问题的例外情况指向了部分解决方案，你可以通过

构建解决方案的问题进一步理解它。用这种渐进的方式，你将慢慢找到解决问题的长久之计。聚焦答案的管理者关注例外情况中的"谁、如何、什么、时间、地点"——细节越多越好。

回想一下，有没有什么时候你觉得问题看起来非常严重，你认为肯定不会有什么突破了，你只能忍受问题的存在？你可以找一个你个人生活中的例子，比如你孩子的问题，或者在工作中看起来无法解决的冲突。问自己下面的问题，注意其中的区别。

★ 当问题没出现的时候，你的做法有什么不同？

★ 当问题应该出现，但不知为什么没有出现的时候，你的做法有什么不同？

★ 当问题没有像现在这么大的时候，你团队（家庭）中的什么人做了
什么不一样的事情？

★ 在你过去解决类似问题的时候，什么是最有效的？

★ 当问题没这么严重的时候，你的同事或家人说你的做法有什么不
同？

★ 在过去类似的项目中（比如，你认为也一定会超出预算的时候），
什么是最有效的做法？

★ 在上次成功的项目中，你们做了什么不一样的事情？

★ 虽然项目本身陷于停滞，但是项目中有哪些方面还进展得不错？

这些构建解决方案的问题的答案中充溢着资源。

当你系统性地问越来越多关于例外情况的细节问题时，你会发现资源
越来越多。这样，你触发了发现解决方案的系列反应，有很大的可能问题
会自己消解。

带人小贴士：

　　每个例外情况都包含着解决方案的
源头。

2. 从其他情境中发掘可用资源

我们也可以在与当前问题情境不同的情境下，发现那时的解决方案中
的资源。在目前公司工作中遇到的问题情景之外，职员和员工（和上司、

管理者一样）有不同的生活。高级管理者也可能是父亲、儿子、妻子、母亲、邻居、朋友、乡间俱乐部成员等，我们每个人也是如此。我们在其他的情境下有不同的资源，而当我们为公司问题所困时，往往会忘记自己的资源。为什么公司不利用这些资源呢？我们身边都有这样的员工，他们可能平时脾气暴躁，但是在年终公司的野餐会上，会令人感到愉快。也有这样的员工，他平时看起来工作没有条理，但是如果你问他的话，他可能会告诉你，他自己养大了3个孩子。

也许你可以在下面的情境中，看到其他人的影子。

公司的总工程师在他的团队面前能够做出对技术问题一针见血的商业演示，但是当他需要在高管面前做演示时，他常常会没有安全感，只谈细节问题。你可以通过观察他是如何在团队面前做商业演示的，然后询问他在上司们面前表现不好的可能原因，从而有效地帮助他提高演示技能。通过反思他自己在团队成员面前的演示中用到的技巧，他明白了自己在哪方面做得很好，要把这些技能应用于更具挑战性的环境（在高级管理层面前演示）中，一点儿帮助就足够了。

有一位员工非常害怕失败，他很少在会议上讲话，但是在会议的间歇他会和同事聊自己聪明的想法。但是很可惜，由于他没有在会议上提出这些想法，大部分他的聪明的想法都没有被应用。他这些聪明的想法就像蒙尘的美玉，因为他不敢在会议上提出这些想法，害怕自己的想法不被大家认真对待。你可以通过一些做法帮助那位同事，也帮助你的团队，让团队从这些想法中受益。比如你在会议上寻找一个合适的时间，然后请这位员工发表自己的意见。

3. 善用人力资源

公司的人事部门现在都被称作"人力资源部"不是没有原因的。如你所知，人是每家公司最重要的资源。但是，你不需要通过HR部门理解人力资源的重要性，了解一些常识就足够了。

你可以在员工个人的特点中找到许多资源——智慧、动力、工作经验、一个人在不同的团队之间流畅切换的能力、批判性思考的能力等。同时，人力资源也存在于团队和整个组织中——团队协作、对公司的忠诚、团队凝聚力、市场领导地位、公司文化、技术专业知识、财务优势等。你也可以发现组织之外的资源——你的私人银行家可以教给你一系列金融技巧，帮助你降低贷款利息；你最重要的软件供应商可以帮助你的公司；政府在税收政策方面的一系列变化刺激了你的财务部门在工作中的创造性。如果你花时间，并且有勇气去寻找和利用这些资源，这些资源都可以被找到。

4. 巧用标准管理技术

标准管理技术——ISO9000、整体质量管理、平衡积分卡、标杆等——乍看起来更关注问题。这些技术似乎在努力填补现状和理想状态之间的空白，关注缺乏的东西。但是，如果你用聚焦答案的方式应用这些技能，这些标准管理工具就可以转变为资源的基础。你只需要转换焦点。

比如，大部分质量管理项目的目标都是消除质量不好的问题。通过一个小小的转换，你可以把质量管理项目转变成持续提高质量的项目，项目不再关注消除质量不好的现象，而是转向用可持续的科技保持高质量。

这里再举一个例子。通过把自己的公司和行业惯例进行标杆研究，你会更关注在其他公司有效的技术，而不是只聚焦于消除公司里表现不好的现象。

5. 从问题中发现资源

聚焦答案型的管理者能够进行自我培训，主动地从问题中寻找资源。下面是一个应用的例子。

一家高科技跨国企业的监管部门在经历了席卷全公司的改组之后，承受着巨大的压力。监管部门里许多高级技术人员被迫离职。在重组之前，监管部负责全公司的服务监管，这个部门负责发起、控制、监管全公司产品的采购，包括插座插孔的间距、耳机的泡沫的密度。很明显，监管部工作很多，权力也很大。没有监管部的批准，生产工作就不能开始。但是，在公司重组之后，随着监管工作被下放到各公司和部门，这些情况改变了。每个部门都要设定自己的监管部，原监管部现在只负责监管，确保这些规则和标准在集团层面的沟通是顺畅的。监管部原来在技术方面的规定职能，现在只在产品需要不同部门、公司制造，然后组装的时候才会用到——在这样的项目中，监管部具有整体监控职能。

除此之外，每个部门，包括监管部，在重组中都被转换成独立的业务单元，为自己部门的收入负责。结果是，监管部裁员后剩下的员工，原本是公司在技术能力和责任方面的精英，现在因为任务很少，营业额非常低，他们一直都面临着部门收入无法满足预算花费需要的威胁。这使得监管部在可能的时候都要尽量利用他们的监管权力，导致跨部门的标准制定非常缓慢、过于细致、价格过高，使客户很不满。监管部，或者更确切地说，监管部剩余员工的自保反应导致了生产效率的降低，他们是在为自己服务，而不是为客户服务。

在情况加剧到失控，威胁到了公司的运作之前，监管部的总监决定邀请监管部全体员工参加一场为期两天的研讨会，主题是"用己所能，顺应时势"。

经历过类似重组事件的读者们肯定知道类似的会议前几个小时一般是怎样的——抱怨、诉苦、回忆过去的美好时光，然后接着抱怨。在这样过了一会儿之后，团队成员意识到，更多的抱怨不会帮他们带来好的结果。这时，他们的经理请他们分成小组，讨论团队成员真正的技能和特长，以及如何在未来应用这些技能。团队成员在讨论中很快发现，他们在技术流程方面的专业知识极好地契合了正在进行的全公司范围的质量管理项目。毕竟，发展、控制、保证技术流程不出差错是这个团队的人最擅长的。此外，他们还拥有沟通流程方面的专业知识，可以帮助一个大型公司提高执行效率。团队决定成为目前集团范围的质量管理项目的服务提供商，提供专业化的技术服务支持，而这部分服务原来是从外部供应商那里购买的。

研讨会结束的时候，大家已经形成了一份递交公司营运副总裁的详细提案。一切都很顺利，几个月之后，监管部门除了日常的监管工作，还获得了来自新项目的稳定收入。

这个案例告诉我们，通过查看问题的"褶皱"，我们可以发现资源。监管部查看自己的资源，从而想出了如何利用这些资源，应对部门问题的解决方案。创造性地想问题可以帮助我们发现以前没有意识到的资源。

搜寻资源的技巧

1. 一直保有资源意识

有一双发现资源的敏锐的眼睛，就像在荒野中寻找蘑菇时有一双敏锐的眼睛一样。没有经过训练的眼睛什么都看不到，但是经过训练的眼睛可以看到很多"蘑菇"。一旦你知道了要寻找什么，要找到更多的"蘑菇"就很简单了。在工作中，没必要等问题出现了再开始寻找资源。要时刻注意员工做得好的事情，然后做出积极的评价。注意员工各方面的行为，除了问题之外，要关注员工做得好的地方。

带人小贴士：

开发你的资源雷达，资源到处都有。

2. 反复进行资源"审计"

我们常常在审计公司或者团队的问题，可是，为什么不"审计"我们的资源呢？一种很好的方式就是鼓励每个人，包括你自己，花点儿时间写一下公司或者团队里进行得好的事情，记录在工作中曾经或者正在使用的资源。关注你——而不是公司或者团队——在那些情况中用到的资源。然后和团队一起坐下来，分享你们学到的。你会发现，这样的练习可以提高团队的资源意识。

如果你定期安排这种练习，它会和定期锻炼身体产生同样的效果——你的"构建解决方案"肌肉会变得更强健、更有型。

3. 培养一种健康的"资源强迫症"

管理者很自然地更关注分析问题，因为大部分人觉得公司付钱给他们就是请他们分析问题的。可是，实际上，公司是请管理者帮助他人寻找解决方案的。从这个角度看，管理者最有效的工作就是发现资源和员工工作中的例外情况。这种非常"健康"的"资源强迫症"会产生一种积极的氛围，促进所在公司和团队的成功。

带人·小·贴士：

"资源强迫症"比"问题强迫症"更有用。

发现资源之后做什么

那么，发现（或创造）了资源之后该怎么做呢？你把资源放在聚光灯下！要用简单的话，比如"太棒了""哇""太好了""好""恭喜"，不要吝啬表达你的赞赏，要尽可能地清晰、迅速、直接。你会惊奇地看到，你的员工和团队会利用你提示给他们的资源迅速地捕捉到这一点。用这种方式，一位聚焦答案型的管理者通过团队自己的资源和例外情况，帮助员工实现了自助和互助。

简而言之，用团队自己（重新发现）的资源"轰炸"你的员工，尊重他们的能力。在下面的内容里，你将会学到更多赞扬别人的技巧。

发现资源如何在现实中发挥作用

下面的对话发生在一位销售经理和一位员工之间。对话发生的原因是，菲利克斯，一位年轻的销售人员，刚刚丢掉了一个原本很有希望的大单，感到非常失落。菲利克斯需要上司的帮助。

年轻的销售员菲利克斯："谢谢你在我提前很短时间联系你的情况下还抽时间见我。可是我真的需要和你聊一聊，关于我丢掉的那个大单——这绝对不应该发生，我觉得自己似乎丢掉了销售人员的感觉。"

销售经理雪莉："别这么快就这么想，慢一点儿。在你说自己的不好之前，能不能解释一下到底发生了什么？"

菲利克斯："对，你应该记得我告诉过你，过去3个月里我一直在努力赢得那笔大单。可是昨天晚上我收到邮件，邮件直接就说，他们已经选择了另外一家供应商。就是这样，没有解释，什么都没有。今天早上我第一件事就是打电话给那家公司的联络人，但是她其他什么消息都没有告诉我。后来我打电话给那家公司的其他人，他告诉我说，这个决定和价格、服务都没有关系，'就是一个奇怪的决定，'他说，'你做什么都没用。'可是，这对我来说一点儿用也没有。我给他们发了邮件，要求他们提供给我关于这个决定更详细的信息，我还在邮件里写清楚，关于我们的价格和服务还有洽谈的空间。我得到的唯一回应就是'可能下次再合作吧'，就是这种情况。"

雪莉："我可以理解。可是，另一方面，有没有什么事情是你应该或者可以做得不一样的？"

菲利克斯："我觉得没有，但是谁知道呢。我一晚上都试图在脑子里理清这些事情，努力想明白到底是哪里出错了。这对于提高我的销售额是个极好的机会，会让我这一年的业绩数字都很好看。可是现在我什么都没有了。"

雪莉："要坚持，别这么快就下结论。你这是'在泼洗澡水的时候连孩子一起泼掉了'。不要在你扔掉不要的东西时，把宝贵的东西都无意地一起扔掉。我完全理解这次损失对你打击很大。的确，如果这一单能做成，会让你这一季度的销售数据飞涨。可是，除了这个，你还有很多其他的单子可以努力啊。"

菲利克斯："对，我知道你说得很对，但是现在这么说并没有让我好受。我真的对自己很失望。我不应该对你讲这些，但是这件事在吞噬着我的自信心。"

雪莉："我很高兴你愿和我谈。我们都会遇到失败，怀疑自己是很常见的事情。只要你不让这种怀疑使你无法再行动，失败会让你保持警醒。尝试着从不同的角度看这件事：我非常欣赏你在对待这个客户时的坚持，你没有轻易放弃——这是一个好的销售人员的特质。现在，让我问你几个问题。这应该不是你丢掉的第一个单子，这也不会是你在职业生涯中丢掉的最后一个单子。过去你丢掉单子的时候，是怎么做的？是什么帮助你走出失败，继续努力的？"

菲利克斯："哦，丢单的事情常常发生，特别是我刚开始做销售的时候。"

雪莉："那时候你是如何面对挫折的呢？"

菲利克斯："一开始，我觉得我不适合做销售。但是我和我那时的上司聊了聊，他教给我要关注未来可能做成的单子，而不是执着于丢掉的单子。他极大地鼓励了我，我从所有销售新手都会犯的错误中学到了很多。"

雪莉："所以，你从一开始就很坚持。很好。那你从这次的情况中学到了什么呢？"

菲利克斯："也许就是，不要花太长时间关注失败，把注意力放在未来的可能性上。就像我打网球，一开始比赛的时候，我常常失败，因为我没办法忘记上一次失败的击球，我脑子里一直想，当然，下一个球也打不好。当我意识到失败的原因时，我赢球就更多了。"

雪莉："那么，你是怎样学着成为一个网球好手的？"

菲利克斯："我一旦明白了总是想着上一次失败的球是毫无益处的，就开始用'下一个球'的咒语培训自己，这会让我向前看，不会再把精力放在坏球上，而是关注下一个球。"

雪莉："所以，网球教给你的东西在工作中也可以用到，是不是？"

菲利克斯："是，你说得对。就像我的客户在邮件里说的，'可能下次吧'。所以，我应该更关注下一个大单。谢谢你花时间和我聊这些。"

赞美员工的某个行为，而不是泛泛赞美

当你收到上司的邮件，他说很欣赏你在上次会议上的贡献，你会有怎样的感受？当你赞美员工的商业演示时，他们是怎样回应的？当你表示对供应商公司优秀服务的赞美时，你的供应商是如何反应的？当其他人赞美你做过的出色的工作时，你是什么反应？你会感觉很好。这在工作中重要吗？是的，它绝对重要。当其他人让你感觉很好时，你会在自己正在做的

事情上表现得更好。

相比之下，当别人在和你相处时发脾气，总是对你疾言厉色，总是详细地说你做错了什么——或者，更糟糕的情况，完全忽略你，你会是什么感受？那会帮助你，让你工作做得更好吗？人们常常谈论留住员工的问题，但是，很多人辞职是因为他们觉得自己没有得到认可，从来没有被赞美，或者觉得"没那么自在"。

当然，像你这样经验丰富的管理者肯定明白，人们对自己被对待的方式非常敏感。你也知道，对别人表示尊重，赞美他人是最有力的管理工具。你也知道，要这样做最有效的方式之一就是赞美对方。

带人常用的两种赞美

赞美分两种主要类型——一般性的赞美和功能性的赞美，在不同的情境下分别应用更有效果。

一般性赞美

在第四步学到的关于资源的知识在一般性的赞美中更有效果。好的管理者对于员工的资源有着敏锐的观察。你经过训练的双眼和耳朵可以在各个地方看到和听到资源的信息，这会给你许多机会去赞美你周围的人。

资源隐藏的地方提供了一般性赞美的机会：

★ 问题的例外情况。

★ 在其他情境下的解决方案。

★ 员工的特点。

★ 标准管理技术。

★ 问题的褶皱之间。

大量应用这些一般性的赞美能使大家合作得更好。通过经常使用这一类赞美，你会创造一个非常好的工作氛围。同时，除了这些还有其他很多需要赞美的——你可以通过使用功能性赞美更进一步。

功能性赞美

功能性赞美用于加强你认为员工做得好的事情，希望员工再接再厉。它其实很简单：当员工做了对员工自身、团队、公司有利的事情时，你赞美员工做的这件事。"谢谢你昨天熬夜帮那位项目出了问题的同事。没有你对系统的专业知识，他肯定没法赶在今天工厂开工之前把那个生产计划完成。谢谢你的专业知识和团队精神。"你的鼓励可以是关于任何有用的事情的——好的备忘录、清晰的信息、对一个案例的敏锐的分析、准时完成工作（比如员工习惯性地迟到，但是他总是会让你知道）、坚定的信念（或者开放的心态），等等。

赞美员工有什么好处

赞美远远不止对人友好和努力获得同事的认可。高效的管理者不会把精力浪费在扮演"好好先生"这方面。相反，赞美他人对于建立和发展工作关系是一个重要的工具。功能性的赞美告诉你的员工，你注意到了他的表现并且愿意去表达你的欣赏，这种功能性的赞美非常有助于强化有效的行为。

所以，赞美他人的好处是多方面的。

* 你建立了一个合作的工作关系，因为你的员工注意到你在努力关注他们做得好的事情。
* 你对员工好的行为的赞美增强了他们的自信心。
* 赞美员工的资源，使他们转向可能的解决方案，而不是一直关注问题。
* 赞美会不断促生相互信任和合作的气氛，增加改变的可能性和改变的意愿。
* 也许最重要的是，你的功能性赞美对于员工有效的行为是强大的认可，使员工继续做更多有效的事情。

你是"冷硬派"领导吗

你有没有觉得奇怪，很少有人意识到赞美他人的力量。把精力花在猜测为什么现状如此，这常常是徒劳的。而且同时我们发现，人们对他人的赞美常常是不够的。赞美他人似乎是人们进入成人生活之后就丢掉的一门技艺。人们似乎把赞美他人的技能丢在了公司的停车场，而且管理者在晚上回家之后也往往没有重拾赞美他人的技能。

这是一个很悲哀的状态，特别是当你意识到赞美他人带来的积极影响之后。你有没有跑过马拉松？其实我自己没有跑过，但是在一些短跑中，我从个人经历中体会到，鼓励和赞美会让我跑得更远。

有人天然具备赞美他人的技能，但是对大部分人来说，赞美他人并不容易，其实这本不应该成为问题。赞美他人不是少部分人天生具备的技能，而是我们学习后可以重新发现的技能。要信服赞美的作用，你只需要有一个开放的心态，注意到赞美对自己的积极作用。

这里要说一些提醒大家的话。你很可能见过那些冷硬派的管理者，他们完全否定赞美的积极效果。这些自认为是钢铁强人的人认为人力资源管理是懦夫做的事情，正如他们觉得赞美他人是软骨头的行为一样。我的建议是忽略这些话。面对这些人，我们只需要问两个问题：你真的认为那样说话的人是好的管理者吗？在和同事相处的时候，他们做得好吗？答案显而易见……这个话题的讨论到此为止。

从长远看，一旦他们认识到赞美员工（或者其他任何人）会促使他们做更多有效的事情，即便是冷硬派的管理者也会臣服于赞美的作用。

对赞美的误解

很重要的一点是，要注意到赞美他人和常常被误读和理解过头的"年龄歧视"（"你好啊，很高兴见到你，我都想你了！"）无关，和假装的或者夸张的乐观主义（"哇，真看不出来你都快死了！""挺好的啊，开心一点儿，破产给了你一个新的开始，你可以重新出发，征服世界！"）无关。那种类型的沟通是令人不快的，会产生反效果。

聚焦答案型管理者的做法不是让不愉快的现状看起来美好，也不是否定困难。聚焦答案的方法是让我们走出困境，找到解决问题的方法。

赞美他人和奉承不同。奉承是虚假的，是恭维别人，用虚假的方式和人相处。奉承只会产生反效果，因为奉承强化了错误的行为，不会让人们知道公司的标准和目标是什么。

赞美他人与批评并不矛盾。聚焦答案的管理者并不软弱，他们不是凡事都会点头同意——他们会批评、反应、抱怨、直面冲突，让员工各就各位，迅速做出反应（如果必要的话可以是尖锐的方式）。简而言之，他们会做完成任务所需要的必要的事情，不过，他们是用尊重他人的方式去做，不会损害他们与员工的关系。

商业世界中的误解需要弄清楚，否则它们会一直是实现更高效率的路上的绊脚石。也许这些误解源自一个很普遍的神话——一个英雄般的、铁面无私的、一直强大的管理者什么都有，他一直都能严格控制自己的感情，在压力之下从不动摇。这样的人根本不存在，我也希望读者们不要抱有这种幻想。

我们这里会勾勒一些对赞美的常见的误解，这样那些仍在怀疑赞美的重要性的读者可以看到赞美的好处。如果你知道周围存在怎样的误解，就更容易处理好这些误解的问题。

★许多处在严酷的商业世界的管理者害怕，如果他们对员工友好，态度开明，会被认为是"软弱的""懦夫"，所以他们不愿赞美员工，害怕丢掉自己严肃的形象。但是，态度好和开明并不意味着你什么都认可，也不是说你并没有标准和界限。

★ 如今管理人中最大的误解之一就是，中层或者高层管理者必须知道得最多（如果不是无所不知的话），类似地，他们在给出命令的时候也必须坚定，不带丝毫犹豫。很明显，那些认为（或者假装）自己"我什么都知道，因为我的职位这样要求"的人是不会赞美他人的。他们应该什么都知道，把赞美留给自己，功劳也是他们的。如今，公司需要留住、授权、使用公司的人才——如果你可以通过赞美提高团队精神，让团队整体的力量大于个人力量之和，那要比被视作一个小的领域的专家要更好。

★ "但是我从来没有赞美他人的习惯，我从来没有赞美过员工，我不知道怎么开始。而且，如果我开始这样做的话，员工不会觉得我有什么问题吗？"如果你承认自己以前没有这样做过，有一个简单的方式——你可以用类似这样的方式赞美对方："我觉得我以前没有说过，但是我认为你做得很好，特别是上次项目的报告很有用。恭喜你。"

★ "是呀，赞美他人是个好主意，但是这会不会打开了一个潘多拉的盒子，员工们都觉得自己找到了机会问我要各种好处。比如：'你赞美了我，现在我要涨工资。'"顺便说一句，赞美要搭配着钱！

★ "赞美他人对我来说太复杂了。如果我不花心思把给员工的赞美分配好的话，有一些人会觉得自己被排斥了，有些人甚至会嫉妒别人。"这种误解来自彻彻底底奇怪的观点：一、员工们像孩子一样，需要把糖果平均分配；二、赞美是一个稀缺品，供应是有限的。当然，这是不对的，一旦你开始了，你会发现有很多事情需要你的赞美。

★ "为什么员工做得好的时候，我要花心思去赞美他们呢？他们拿的工资不少，这就够了。"不管钱多么重要，还有其他的东西。钱是一个昂贵的激励手段，但是赞美是免费的——而且是对员工极大的鼓励，从长期来看会有很大的效果。

★ "当我赞美别人的时候，我怕他们不信我。他们会觉得我在夸张，反而会怀疑我。他们会质疑我的诚实。"呃，恭喜你，你这样说表示你正在赞美他人。你只是需要一些方法上的帮助，这样你在赞美他人的时候会更自信。请接着读下去，很快就会有帮到你的内容。

★ "在我们的文化（公司或者国家文化）中，人们不习惯被赞美，所以赞美别人是不恰当的。"让我讲一个我好朋友的故事，她是一位跨文化交流的专家。她被派到一个中亚国家去进行一家大银行的管理变革项目。在离开之前，她查阅了两次关于跨文化管理和交流的书籍，然后又与当地的专家确认了这些跨文化交流的要点。她得到的建议都是："不要太直接地赞美中亚国家的管理者。"可是，她非常相信赞美的力量，于是她做了与得到的建议相反的事情，虽然情况很困难，但是她还是给了他们很多赞美。她得到的没有厌恶，全都是积极的反应，这个变革项目进行得很顺利。在欢送她的晚会上，她得到的最大的赞美来自当地最高级的管理者之一。在他对全团队的演讲中，这位领导说："当我们知道你要来参加这个变革项目时，我们就说，我们熬过了资本主义，也绝对可以熬过一个外国的咨询师。但是，和你共事根本不是煎熬！我们非常感谢你的帮助。"赞美的效力不依赖于文化，只是你赞美对方的方式要根据文化而变化。

赞美员工之新手指南

如果你以前不习惯赞美他人，或者你希望以后更多地赞美他人，那么我们接下来会学到一些有效的技巧。

如果你以前不习惯被别人赞美，或者赞美别人，一开始那样做的时候你可能觉得别扭。你可能会想："我做不到，我肯定不会那样对我的员工讲话。他们会怎么想，会怎么反应？"如果是这种情况，我们建议你"试水"——从一些小的、不经意的赞美开始，然后看看或者感受对方的反应。如果你从他们的反应中得到了一些自信，你可以慢慢朝着对员工的工作更大、更重要的赞美前进。你慢慢有了更多的信心，得到了更多积极的回应，你可以慢慢增加赞美的频率。

在你使用赞美的技巧时，有时候对方的反应会让你不知所措。可能你的赞美有点儿突然，或者时机选得不好。这是你学习路上的一个关键时刻，这时有些开始学着赞美他人的人放弃了："你看，这没用。"应对这样的时刻，可以做两点准备：知道这是会发生的；对一次完美的赞美的案例有着深刻的记忆。

一旦你走过了开始的阶段，就是反向效应开始发挥作用的时间了。当你对别人表示尊重的时候，你会得到尊重。赞美也是如此：当你赞美别人时，你会收到别人的赞美。这些赞美可以是以语言形式表达的感谢，也可以是你看到你赞美的人的"成长"。赞美的反向效应很快会形成一个积极的循环，不断加强，会让你（工作）生活更简单，更舒服，也更有效。

加之以更多练习，赞美的技能会变成一种态度。当态度变成了第二天性，你就成为了赞美他人的大师。

关于赞美，有且只有一个法则，也是大家都应该知道的法则——赞美总是会产生积极的影响。赞美别人就像把钱进行一项安全的投资——你一定会得到回报。好的赞美从不是浪费时间，也从不会没有效果。

你应该很快注意到赞美对你与员工的工作关系的积极效果。如果你没有立即看到积极的效果，那么你还是应该肯定，当赞美成为你的长期习惯，你一定会收获回报。

鉴于这个法则很重要，大的字体会让大家印象深刻，那么请允许我这样写：

每一次赞美都会有回报

赞美员工的重要忠告

如果你希望你的赞美是有用的，那么你一定要满足三个前提条件。如果你违反了一个、两个——或者，天啊，三个都违背了——你的赞美便无法实现目标，还会产生反效果。更糟糕的是，你会丢脸面，让别人觉得你虚假、不可信。而这也促使我们一定要注意满足这三个条件。

1. 赞美必须是真实的、可信的、诚恳的

简而言之：如果你不是这样想的，那就别说。

顺便说一句，如果你不知道什么是实际生活中真实的、可信的、诚恳

的，那么，你的问题大了!

2. 赞美必须符合情境，基于事实

如果你的赞美不恰当，别人会接受你的赞美，但是这不会产生任何效果，因为这不会强化你希望加强的行为，而且，不恰当的赞美还会产生反效果。比如，赞美男员工锃亮的鞋子或者女员工修剪得不错的指甲绝对是不恰当的（除非你是一家鞋店或者美甲沙龙的经理）。

你给出的赞美一定要基于事实。不要赞美别人还没做的事；对员工说"你能每天来上班真是太棒了"也不是什么赞美。但是，对员工说："你很守时。"便是一种赞美。

3. 切勿夸张

让你的赞美符合情境，符合对方的身份。当秘书暗示他完成了一篇报告，你不必夸张到给对方一个大大的拥抱。当会计给出了一项不错的财务计划，你也没必要提名他竞逐诺贝尔奖。

就赞美而言，并不是越多越好。相反，"少即是多"，特别是你的"少"是经过精心设计时。

如何表达你的赞美更有效

聚焦答案型的管理者总是会抓住机会赞美他们的上司、员工、客户、供应商。常见的用词有："好!""哇!""太好了!""太棒了!""做得好!""好极了!""恭喜!""了不起!"这里请允许我

给大家一个建议，要用你觉得舒服的词汇，比如你觉得说"太棒了"让你觉得别扭，那说你习惯的"不错"也可以。

和对方握手，拍拍对方的背部，让对方知道你的赞美是真诚的。你的脸部表情也很重要——脸部表情会强化你的话语和肢体语言。但是，也不必太担心。如果你的赞美是真诚的，你真的希望对方以后多做这样的事情，你的肢体语言会自然而然地表现出来。

不要不敢发一封"做得好"的邮件，或者在员工的电脑屏幕上贴一个"做得好"的便签纸（大家都能看到）来表达你的赞赏。手写的赞美尤其有用，因为被赞美的人通常会把它保存起来，印象深刻。（但是也不要忘了其他部门的员工！）

赞美别人的一种很有效的方式是间接的赞美。举个例子，一位年轻的妈妈抱着孩子在商店排队付钱，一对老年夫妻排在她后面，拍了拍她的肩膀说："恭喜你啊，小孩子很漂亮！"年轻的妈妈喜欢听到这样的赞美。那么，换个方式，想象这对老年夫妻没有拍她的肩膀，而是一个人对另一个人说，而声音又大到恰好让年轻的妈妈听到："你看到她那个小孩儿多漂亮了吗？"那么，有什么不同？两种赞美当然都有效，但是你觉得哪种更有力？间接的方式应该是更有力量的，人们很难抵挡。

赞美他人的间接方法在工作中一样有力量。你可以在打电话的时候用到，比如，你在和另外一个部门的人打电话的时候，你的助理恰好也可以听到你讲话："我会把文件发给你，没问题。你知道我的助理莎莉，什么东西她都能很快找到，她非常专业，和她在一起工作很愉快！"用这种方式，你的赞美不会显得屈尊纡贵。

赞美他人是和其他方法一起使用的，只赞美他人，而不配合其他的方法是没有用的。虽然赞美他人是问题解决步骤中用得最多，也会是最重要的方法之一，但是赞美不是在真空中给出来的，赞美只是工具，而不是目标。

如果你想知道赞美是如何发挥作用的，可以迅速翻阅这本书。在许多商业案例中你都可以看到赞美的作用。

让员工对工作进度做自我评估，让员工找到完成剩余工作的办法

"哦，过去我们公司特别好，但是现在，因为合并（或被人接管或重组或换了新上司），什么都和过去不一样了。"你有没有觉得这样的话耳熟？当人们不开心或者低落的时候，不管是在家庭生活还是在工作中，有时候会有这种用"非黑即白"的方式思考的倾向。他们觉得好或者差，事

情顺利或者不顺，公司业绩好或者不好，二者只能居其一。

这在我们每个人身上都会发生，包括管理者和员工。但是，当你明白发生了什么时，这就不是一个大问题。但是，如果员工没有认识到这种非黑即白的做法，两个潜在的问题会对工作产生负面影响。

首先，当人们用一种无差别的方式思考时，就有陷入"二选一"思考模式的危险，觉得不是好的就是坏的。如果事情没那么好，那就是很糟糕。这当然是不符合实情的，我们都知道，事情有灰色地带。用差异化的方式思考要好得多："有时候状况很差，有时候又好一些。"这种差异化的模式给了人们更多思考和行动的自由。

其次，这种非黑即白的思考方式会很快让员工认为，在问题没有完全清除、事情没有达到完美状态之前，事情就还没解决。可是，我们都明白，而且大部分是通过艰难的方式明白，（工作）生活中的完美只是一种幻象。试图达到完美状态是一定会失败、让人失望的行为。

除了生或死、怀孕或没怀孕这样的例外情况，大部分生活和工作中的事情都不是非黑即白的。解决方案的探戈的第六步就是帮助员工看到现实中真实的灰色（或者更准确地说——不同的颜色），最好地工作。实际上，这种灰色的范围几乎是无限的，我们的任务就是帮助员工用差异化的方式思考和做事，这样，比起非黑即白的模式，就有了更多的可能。

通过询问改变员工非黑即白的思考方式

我们有几种方法帮助用非黑即白方式思考的人转换成一个差异化或者更有色彩的思考者。

从最明显的方式——常识——开始是不会错的。你可以向对方指出他们在用非黑即白的方式思考："哦，想想看，情况没那么糟糕，不可能什么事情都像你告诉我的那么坏。"如果这种方式成功了，很好。但是，还是有人会把这样的对话理解为为什么情况真的很糟糕。如果你遇到这种情况，你最好还是放弃继续用这种方式劝说对方，因为我们之前学过的法则三："如果你做的事情没有效果，那就停下来，换其他的方式。"

接下来你可以尝试提出构建解决方案的问题，让对方意识到差异化。

★ 有没有什么时候情况比现在要好一些？

★ 那时候有什么不同？

★ 那时候你有什么不一样的做法？

★ 你的同事做事与你有什么不同？

★ 你说，如果我问的是情况没现在这么糟的时候的事情，他们会告诉我什么？

★ 你记得有没有什么时候情况比现在好一些？你是如何处理的？你做了什么让情况变得好一些？

这类问题的答案一定会体现出一些差异，提供一些关于积极的差异的有效信息，这些东西会告诉你如何处理问题。

在构建解决方案的模式里，有一种更优雅的范式能跳出差异化的舞步。你可以用一个10分的度量器来展现不同的"灰度"。这种技巧在商业环境中尤其有效，因为人们习惯和数字打交道，非常容易接受"度量"的方式。

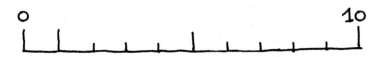

在下面的段落里，你会发现评量问句的优雅魅力。我们建议你思考在什么情景下如何使用评量问句。在你阅读的时候，你可能会想起一些可以使用评量问句的情形，你可以在脑海中用评量问句问自己。这是帮助你在现实中应用的最好的练习。顺便说，要记得评量问句是和你构建解决方案的问题的知识联系在一起的。

不同情况下的评量方式

你会慢慢发现我们可以使用多种衡量方式。实际上，一旦你掌握了衡量的基本概念，你可以进行调整，适用各种情况。学习了衡量的基本知识之后，你会学着变得更有创意，从而创造无限可能。你越能把评量问句的语言针对不同情况进行调整，问题就变得越有效，你的员工也可以更快地取得进展。在本章的后面，你可以看到一个方便协议，帮助你使用各种评量方式，但是现在，让我们先探讨不同的衡量类型。

1. 工作进展评量

对于工作进展情况的一般评量问句是："我可以问你一个问题吗？从0到10的范围里，如果0代表'曾有过的最糟糕的情况'，10代表'挺好的，我可以处理，用令人满意的方式完成工作'，现在的情况是几？"

进展的衡量可以说是我们用到的最有效的评量。它为员工提供了简单、优雅、几乎无可反对的机会，跳出非黑即白的思考方式，看到差异。

仅仅是提出这个问题本身就有帮助员工在头脑中思考问题差异性的可能——突然间，你带领他们用不同的灰度思考问题。

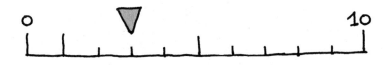

你的员工可能会回答说："我觉得是3吧。"

这个回答反映了他对目前的问题的衡量。这对于管理者来说是一个有效的信息，同时，从员工的角度，这个数字代表了他对0状态和目前状态的差异的理解，也就是说，这个数字代表了从0前进到10的路上，目前的状态。作为管理者，你帮助员工的下一个问题是，他做得好的是什么。

你接着问："好，你说目前的情况是3，很好。那么，你说目前状况是3，是因为什么情况与以前有所不同吗？"

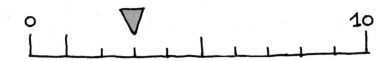

员工会给你提供一些他认为不同的事情的细节信息。很明显这个问题是有答案的，否则员工不会选择3这个数字。你认可了他的回答，希望他给出尽可能详细的描述，解释什么是不一样的，所以他给出了数字3。让他继续说下去的魔法是"还有什么吗？"这类问题。

当你发现他已经穷尽了问题可能的细节，你进行到下一步，邀请他展望10的情境。很重要的是，不要问他要实现10，他准备做什么。如果你问这么大的一步，或者是更糟糕的情况，你要求他达到10，你们两个人都会有失败的危险。所以，只是引领他迈一小步。

可以问这样的问题："很好，你对于3的情况了解得很清晰。那么，从3开始，你觉得你可以做的最小的前进的事情是什么？你需要做什么不同的事情？"

他给出的回答是，他认为要使情况变得更好，可以做什么小的事情。你只需要认可他的回答，他的回答实际上是他对自己的建议。那么，你现在的任务是帮助他坚持可行的前进的步骤。你可以通过描述他具体可行的行为，复述他的话，与此同时，你还可以帮助他避免迈出太大、太有风险的步伐。

在这里，使用构建解决方案的问题的艺术是，和你的员工一起，保证他迈出的步子很小。这种方式的魅力是，你作为管理者，不需要告诉他要做什么，而是他自己发现接下来应该做什么，也就是说，他为自己的工作进展负责。你的任务只是在后面指导。

当你发现员工在回答自己要做的事情时能把握关键，你会恭喜他，然后问下面一个问题："很好！如果在接下来的几天或者几周里，你可以迈出这几小步，那么你在从0到10的标尺上前进到了哪里？"

你的员工可能会说："应该会在5的位置。"

现在你总结这个评量对话，推动你的员工去做他刚说过的小的事情："如果在接下来的几天或者几周里去做你刚刚说过的一些事情，看看情况会有什么不同，是不是个好主意？你还可以分条记录每天做过的事情，记录下细节方面有什么不同。我们过几周讨论一下你的进展。好好工作，祝你好运！"

在下一次会议上，你会再次使用10分的评量："在我们上次的会议上，我们使用了一个衡量的方式，你找出了许多小的有效的前进方式。现在在同样的这个标尺上，也就是0代表问题很大，10代表情况足够好，我们现在处于什么位置？"

很少有人会说情况还停留在同样的位置，这很容易理解。他从做得好的事情开始（也就是为什么是3），这给了他一个好的开始。通过构建解决方案的谈话慢慢前进，员工自己——辅之以管理者的一些帮助——指出了朝着10前进的方法。这样做有一个简单而明显的原因，对于自己提议的事情，人们很少缺乏尝试的动力，而在这个尝试的阶段，有很大可能情况会因为人们的行为而改善。这些不同就是第二次会议要讨论的内容，而第二次会议和前一次会议的流程是一致的。

2. 有效性评量

有效性评量的一个经典模板是："好，这个关于我们新的投资计划的会议已经开了1个小时了，我听到了大家一些很有建设性的建议。现在请允许我问一个问题，在一个从0到10的标尺上，如果0代表'我们可以讨论一整天，但是不会有什么用'，10代表"这是一个非常有用的会议'，我们现在在什么位置？"

在你使用可用性评量问句时，你是在邀请员工进行开放性的评价，要允许大家给出不同的回答。这与另外一种常见的情况形成鲜明对比——人们过于挑剔，扼杀了所有建设性的套路。与此同时，因为焦虑而扼杀任何形式的评价也是致命的。这正是有效性评量标尺方便快捷之所在。

开放地提出这个问题，这样在场的每一个人都有机会给出自己的反馈，根据目前的情况进行适时的调整。假设这个问题的回答是"一个大大的0，这个会议毫无结果"，那么你的下一个问题是："好，我们应该讨论，什么会使这场会议有用？"如果员工给出的数字比较高，比如说3，那么你接下来问这样的问题："好，如果说我们已经到了3的程度，那么这次会议上我们已经讨论了什么内容呢？"这个问题的回答将带领你们迈出走向解决方案的第一步。

当你向团队成员提出这个有效性评量的问题时，如果大家给出不同的回答，是很自然的事情。你要给每一个人机会，说自己认为的数字是几，为什么是这样。这会让你对团队与问题有一个整体的感受。例如，下面是一个对团队使用有效性评量的例子："大家好，今天我们作为一个质量项目小组又在一起开会。我们可以这样说，两个月之前的时候我们从0开始，开始了这个项目，那么在一个从0到10的标尺上，0代表两个月之前的情况，10代表实现了ISO9001，现在我们是在什么位置？"这时候，每个人可能会有自己的数字。有些人说4，有的人说6，还有人认为只有2，你可能还会听到有人说7，你要花时间问每个人这个数字背后的细节和情况。在问了一轮之后，你邀请团队共同选择一个数字。"好了，作为一个项目团队，我们目前处在4的位置。4意味着什么呢？我们做了什么，达到了4的程度呢？"让团队成员列出他们做了什么，达到了4的程度，然后接着问："要在接下来的两周达到5，我们需要做什么？"这样你帮助团队勾勒出了一步步前进的路径，确保团队在一小步一小步前进，这样失败的可能性很小。这种开放性很可能可以推动大家朝着未来的目标前进。

这种有效性问题在使用的时候也可以不进行评量打分。在一个具体话题的讨论中，你可以问对方这样的问题："我们现在讨论的方式是不是有用？"以开放的方式邀请对方给出反馈。这种问题的目标不是让对方欣赏你作为对话领导者的身份，而是让对方把注意力集中到谈话的目标上。不管答案是什么（是或者否），总会有可能的下一步。如果答案是否的话："我们讨论什么，才能对这次会议有用呢？"

如果答案是"是"的话，你就有了赞扬的空间，可以说一些类似"很好，谢谢，那么在对话中你觉得具体是什么内容让你觉得有用呢？"的话，你得到的细节对于更进一步讨论解决方案是很有用的起点。

亲爱的读者，恭喜你现在已经读到了这本书的第93页。在一个从0到10的评量中，0代表"我在浪费时间"，10代表"读这本书对我很有用"，你处于哪个位置呢？

3. 积极性评量

这是一个积极性评量的标准范式："在一个从0到10的标尺上，0代表'这是一个不可能完成任务的情况，我们没有任何动力去尝试或者做什么'，而10代表'我们会竭尽所能处理这个问题并解决它'，我们现在处于怎样的位置？"

在这种情况下，管理者和员工倾向于给出较高的评级，我们可以善加利用。如果人们直白地说是0，你知道作为管理者，你有很多工作要做。而如果你得到的是其他的数字，那么你都可以以之为起点。除了0之外，不管别人给你的是什么数字，首先表示赞扬，然后问为什么给出了这样一个动力的数字。顺便说一句，要问细节、细节、更多的细节！当你发现对方讲的关于鼓舞人前进的细节已经穷尽了，你可以用这个问题继续你们的对话："很好，要让你有更多一些的动力，你会需要什么？当你看到评量数字在上升时，你觉得自己做了哪些不一样的事情呢？"

通过提出这样的问题，认可对方的回答，鼓励他们迈出小步前进，你便实现了鼓舞员工前进的目的。你没有发号施令，对方的回答本身就说出了要改善事情的状况以及他们需要做的事情。于是，你不是在牵引他们，而是从后面轻轻地推动，使他们朝着理想的方向前进。这就是领导力。

使用评量问句的步骤

在阅读这些不同类型的评量问句时，你会注意到它们背后有一个隐藏的范式。为了让你更简单地使用评量问句，你可以基于下面的步骤，根据你的情况进行调整。

①准备，请对方允许你问一个评量问句。

②给出一个范围，0代表评量的起点，比如，最困难的情况，而10代表"足够好"。

③问："你现在在哪里？"

④接受对方给出的任何数字，然后……给出一个（小的）赞美："很好。"

⑤问："要达到这样的程度，你已经做了哪些不一样的事情？"

⑥不要反驳对方的回答，重复对方的话，强调这些改变。

⑦问"还有什么吗？"引出对方更多的细节。

⑧拓宽问题，问："如果我问你的同事、上司、工作伙伴这个问题，他们会怎么回答我？"

⑨问："你要迈出的最小的前进步伐会是什么？"

运用评量问句的诀窍

1. 对员工的回答做出积极的反应

不管你的员工选了什么数字，一定要给出积极的反应。如果在从0到10的范围内，员工认为在1的位置，你会反馈说："好，也就是有10%的进展，1代表我们有什么进展呢？"如果在下一次会议上，他还是说情况是1，你可以回应说："好，虽然情况很艰难，那么你是如何保证我们依然有10%的进展的呢？"有时候，在后面的会议上员工可能会把数字倒回到之前的位置。不要着急，要接受这个数字："好，上次你在5的位置，这次在3，为什么呢？你有什么事情做得不一样了，我们又到了3的位置？你

会如何防止我们继续倒退，比如倒退到2的位置呢？是不是你忘记做什么
事情，如果你做了，我们可以回到5的位置吗？"

2. 先问数字背后的原因

不管在这个评级中，员工选了什么数字，要先问是他做了什么，让他
选了这个不是0的数字。

员工给出的回答指向了资源和问题的例外情况，这是员工已经在用的
东西。"好，在一个从0到10的评级中，0代表没有进展，10代表有相当程
度的进展，我们现在在什么位置？""在7的位置。""很好，为什么选7
呢，你已经取得了什么进展呢？"问对方已经在做什么，这让对方告诉你
他已经知道的信息。提出问题之后，从对方的回答中你得到的细节越多，
问题就越有用。要充分使用这个问题："还有什么吗？"回答中的信息总
是包含着通向解决方案的资源和方式。

最好不要太快问对方评量中更高的数字将意味着什么，因为他们常
常不知道如何回答。一旦你确定了现在是什么数字，你要尽力压制问对方
如何进展到10的冲动。那是太大的一步了。如果对方能回答这样的问题的
话，可能一开始他就给你10的评级回答了。

要慢慢地问员工，要向上走一点，他们会做什么不一样的事情。比
如："现在我们在6的位置，什么代表着你向上走了一步呢？要达到6.5
的位置，你会做什么呢？"或者你可以把问题反过来："你现在在6的位
置，当你达到6.5的时候，你会做什么不一样的事情呢？"小的改变更安
全，要比大的变化更容易发生。

记住，渐变优于剧变。

3. 评级的数字是一个象征

商业世界中的人们通常喜欢数字。在工作中，数字常常指向具体的事实。你银行账户里"单位货币"的数字从客观的角度展现了你在财务方面的富裕程度。仓库中机器部件的具体数字从客观的角度展现了仓库里货物的价值。

但是，在评量问句中的数字是不一样的。你在评量问句中得到的回答不是所发生的变化在数学角度的衡量。这些数字是指示器、指针、路标，而不是考卷上的一个分数。所以，牢记这些数字是对于发生的变化的象征，会对你很有帮助。

这会有几个效果。首先，你永远会接受对方给出的数字，不会质疑。其次，任何给出的数字不是衡量的基准线——你不会像预算或者销售指标那样使用评量问句得到的数字，于是这不会导致两人争吵，阻碍前进的步伐。再次，在下次会议上，你再次问到评量问句的时候，不需要记住上次会议的数字，来检视实际上的进展。你只需继续问他们更多构建解决方案的问题，让员工做比较。最后，数字所包含的内容要比数字本身更重要。数字3对A的意义和对B的意义完全不同，给出的数字只是个驱动器。

4. 让其他同事参与进来

"如果我们问上司，他认为我们在一个从0到10的标尺上位于什么位置，他会怎么说？0代表'战略计划远远没有完成'，10代表'我们有一个可行的、准备好实施的战略计划'。"

"你告诉我你的小组处于7的位置，其中0代表'几乎完全缺少市场动力'，10代表'我们的运作完全是由市场驱动的'。很好，你觉得如果我问你的客户同样的问题，他们会给出怎样的评量呢？"

"谈到你团队中的两名新的销售，在0到10的标尺上，0代表'新手，他们需要从头了解我们的产品和市场'，10代表'他们完全准备好了，可以独立去争取客户'，你告诉我你觉得他们在过去的几个月里上升到了8的位置，你是怎么注意到的？他们有什么不同，使作为销售经理的你和他们自己都认为达到了8？他们的同事会给出怎样的数字？他们的客户呢？你员工的其他同事认为，他们要想达到9的水平，需要有哪些改变或者学习哪些额外的知识？"

"现在你在0到10的标尺上上升到了5的位置，其中0代表'我觉得我不被这个新团队接受'，10代表'我真心觉得自己是团队的一员'，你的团队成员是如何注意到你的融入的呢？当你到了6的位置时，你觉得他们会看到你有什么不一样的做法？"

上面这些有着特定设计的问题称为"三角问题"——你请员工从不在场的同事的角度看问题。对话中营造的虚拟现实，在你的员工开始思考他的答案在现实中的含义时，拥有了现实的含义。

所以，这类"三角问题"帮助你的员工看到他提出的解决方案如何影响了周围相关的人。于是，对方给出的回答并没有禁锢在一个人的头脑里——而是被拓宽，有了更广的范围和现实意义。

5. 避免沉迷于"最终目标"

很重要的一点是，要避免固定在"最终目标"，也就是标尺上10的位置。如果我们沉迷于实现10这个最终目标，我们就陷入了追求解决方案的狂热。因此，10一定是能代表完美的，否则会让你失败。10应该被设定为一个"足够好"的情况。要警惕完美主义，因为完美主义会产生反效果！

史蒂夫·德·沙泽尔（Steve de Shazer），聚焦答案模式创始人之一，说过一句著名的话，非常适合这里："不知完美为何物，我们也可以知道事情在变好。"

如果员工给出一个不在标尺上的数字怎么办

有一些员工信心非常低落，他们会给出不在标尺上的数字："我在-30的位置！我绝望了。我的团队领导要把我逼疯了。"你会怎么做呢？不要慌，要接受对方给出的回答，然后问："你是怎么坚持的呢？情况这么糟糕，你是怎样坚持工作的呢？"我们把这类问题称为"因应问句"。

因应问句本身是一种赞扬，因为你告诉你的员工，虽然他的情况很糟糕，但是他还在坚持做事。更重要的是，因应问句的回答总是会包含着信息和例外情况："我一直坚持，是因为上司经常出国，他走了我就好过一些。"基于这种例外情况，我们可以继续构建解决方案："当你的团队领导出国的时候，你觉得你在标尺上的位置在哪里？那时候你做事与平时有什么不同？有什么变化，使你在团队领导在的时候也能做好哪些事情？如果那样的话，你在标尺上又会处于什么位置？"

所以，不管何时，当你的员工给出一个非常低的数字，而且他的绝望会影响团队士气时，你可以立即问这位员工因应问题，对方的回答会指出可能的解决方案的方向。

通过评量的方式实现差异化，绕过了对方可能的抗拒，你的员工会以一种自己几乎没有注意到的方式提供给你改变的可能性。在使用这种评量的时候，你在假设：

* ★ 改变是可能的。
* ★ 小的步伐要比大步伐更有效。
* ★ 在前进的一步里，不是每件事情必须（可能）变化。

引导员工"向前看"，少问"为什么"，多问"怎么办"

聚焦答案型的管理者更关注未来，而不是过去。当我们更关注过去的时候，做事的方式和未来导向的时候会很不同。为什么呢？

过去是一种限制，我们对过去无能为力。过去已经结束了，试图改变过去是一种彻底的时间和能力的浪费。

问题属于过去，解决方案属于未来。我们现在没有遇到，但是未来可能会遇到的问题，并不是当下的问题。当你现在面临问题时，这个问题的解决方案——从这个词本身就可以看出——属于未来。如果我们现在有这个问题的解决方案，问题早就不是问题了。

那么，我们要关注过去的哪些部分呢？首先，过去是如今的问题背景构成中很重要的一部分（见第二步）。其次，也是最重要的是，正如你在第四步中学到的，过去储存了问题的许多资源和例外情况，你可以从中发现解决问题的工具。

解决方案属于未来，于是我们要以未来为导向。通过展望未来，我们用行动把理想的未来状态变成现实。未来还没有到来，那么我们现在如何

运用未来虚拟现实呢？在员工寻找问题的解决方案时，我们如何帮助员工以未来为导向，而不是沉溺在过去呢？

多提一些让员工"向前看"的问题

最好的帮助员工向前看的方法是，问对方合适的构建解决方案的问题，帮助对方把未来解决方案的可能性"向后投射"到现在的环境中。下面是一些有用的问题模板。

★ 你希望看到什么发生，你是如何知道它们已经发生了呢？

★ 当你朝着目标开始前进时，最早的迹象会是什么呢？

★ 那时候你会做什么不一样的事情？

★ 其他部门如何知道我们已经解决了这个问题？

★ 当问题解决之后，你的团队会做什么不一样的事情？

★ 当我们已经实施了新的组织架构之后，CEO会看到我们做了什么
不一样的事情？

★ 当合并案执行之后，我们做的事情会有什么不同？

★ 当我们的团队开始解决内部冲突时，一开始的小的迹象会是什么？

★ 想象我们现在是在一年之后，我们已经解决了这个恶意收购的问
题，那时候我们的工作是怎样的呢？

奇迹问题

另外一个引导对方使用未来导向思考和行动的工具是"奇迹问题"，
是由史蒂夫·德·沙泽尔（Steve de Shazer）和茵素·金·伯格（Insoo Kim
Berg）发明的。这个方法是他们在八十多岁高龄的时候发明的，他们的发明
催化了一个崭新的、开创性地解决人力问题的方法。他们的聚焦答案模式
是心理治疗领域领先的模式之一，至今仍在不断发扬光大。

奇迹问题引入了一种新的看问题的方式，创建另外的解决问题的可能
性。当然，在把一个领域的知识应用到另一个领域时，一定要非常慎重，
特别是这样把心理治疗领域的方法跳跃性地应用于商业世界。不能说因为
商业环境和心理治疗都涉及人的互动，所以两者是一样的，这样把问题过
分简化了。当把奇迹问题应用于商业时，为了达到更好的效果，最好基于
商业环境对奇迹问题加以调整。

乍看起来奇迹问题有点儿奇怪，可是奇迹问题抓住了聚焦答案模式的
精髓，是管理界的一个真正的创新。从这个意义上讲，奇迹问题是聚焦答
案模式的全息图。

从开始读到现在，希望你能喜欢读这本书，虽然有时候你会发现自己需要努力去理解其中的一些观点。读了这么多，你一直在很努力地学习。现在，我希望邀请你给自己一点儿奇迹。好了，为了得到这点儿奇迹的快乐，请找出脑海中一个你一直在纠结的（小）问题。这个问题可以是工作上的，也可以是关于你的生活的——你决定了自己一会儿会收获什么。现在，自己想一下你的奇迹问题，然后花一点儿时间思考头脑中冒出的答案。建议你写下一些答案，后面会用到。下面是一个"轻柔版"的奇迹问题。

在你读这本书的时候，你坐在一个舒服的地方。在放下这本书之后，你开始做一些今天要做的事情。一天就这样继续，最后你累了，去睡觉。假设你在睡觉的时候，有一个奇迹发生了。在这个奇迹中，你脑海中的那个问题解决了，仿佛它不再令你困扰。但是，因为你睡得很沉，你不知道这个奇迹已经发生了。你会怎样注意到奇迹已经发生了呢？那么，在奇迹发生之后，你会做什么不一样的事情呢？你起床的时候会和平时不一样吗？早餐会有什么不一样吗？你的爱人会怎样注意到奇迹已经发生了呢？你去工作的时候会有什么不一样呢？会是怎样的呢？在你走到办公室之后，会有什么不一样呢？你在办公室会做什么不一样的事情呢？你的员工会怎样注意到奇迹已经发生了呢？

这是奇迹问题基本的版本，随着你的阅读，你会发现有无数种方式提出奇迹问题，奇迹问题充满了惊奇。

奇迹问题如何在现实中发挥作用

乔纳森是一位经验丰富的销售员，之前在这家公司的竞争对手那里工作，现在担任公司的销售部经理。在他的职业生涯中，他只做过销售的工作，从没有管理过其他人。在培训阶段，乔纳森做得很好，但是一旦开始正式担任销售经理的职务，问题很快出现了。

他从没有担任经理的经验，他不确定要做什么——所以他想先试试水。他做的第一件事，是和他的下属销售员一起拜访了许多客户。这当然是一个极好的开始，但是在许多拜访中，他在主导与客户的会议时像一个销售而不是销售经理。他的下属销售员不喜欢他这样做，特别是乔纳森有时候会在客户面前纠正下属销售员的错误。在一起回公司的路上，乔纳森出于好意，要帮助下属人员，总是对下属长篇大论，讲什么应该做，什么不应该做，讲许多他在担任销售员时成功的案例。虽然他是好意，但是这种长篇大论很明显展现了乔纳森的不确定感，在之后的对话中乔纳森和他的下属产生了更多的争论。乔纳森觉得他的同事不接受他，但是他管理的团队认为乔纳森没有给予他们足够的帮助和支持。

过了几周，这种情况让人无法再忍受，乔纳森管理的销售团队提出要和销售总经理乔治开一次会议。团队很清晰地告诉乔治，他们理解乔纳森的努力是出于好意，但是他们受够了乔纳森用对待新人的方式对他们。"我们知道他新担任销售经理，有不安全感，但是他不愿听我们的。"

乔治找乔纳森开了一次会。在听取了乔纳森版本的故事之后，乔治问了他一个奇迹问题："乔纳森，假设在经过了一天漫长的工作之后，你睡着了。在你睡觉的时候，假设一个奇迹发生了，现在你团队管理中的问题都解决了，你不再为此困扰。你第二天起床之后，会怎样发现这个奇迹发生了呢？"乔纳森回答说："所有员工都接受我的所有提议，都按照我说的做。"

乔纳森这个回答是没有用的。但是，乔治还是接受了这个回答，没有辩驳，他继续说："不要这么快，乔纳森，你还躺在床上，你睁开双眼，注意到有什么不一样的事情发生了，但是你不知道那个奇迹已经发生了。你早上起床会做什么不一样的事情？"

乔纳森回答说："在奇迹发生之后，我早上起床，情绪会更好，会更有自信。我也许没有兴奋到一边吹口哨一边去上班，但是我会更自在。"

乔治："很好，在你进办公室的时候，会有什么不一样？"

乔纳森："在工作的时候，我不会像以前一样到处走，努力在进办公室的前半个小时和许多人搭话，我只会和遇到的人问好，然后开始处理邮件。在处理完邮件之后，我会到处走走，看有没有什么特别的事情要我帮忙，然后我会回到办公室，待一个小时左右，思考。"

乔治："有意思。你接下来的一小步是什么？"

乔纳森："也许我会从我最了解的开始。"

乔治："好主意。你能解释一下吗？会如何帮到你？"

乔纳森："我意识到，我可能在过分强化作为销售经理的角色。如果我可以处在我的下属销售人员的位置工作一段时间，也许我可以想出更好的让他们接受我的事情。比如，我可以写下在我做销售员的时候对我最有帮助的事情。"

乔治问："很好，还有什么你可以做得不一样的事情？"

乔纳森："认真想一想，我意识到，想一下我之前工作时候的经理会对我有很大的帮助。"

乔治："在什么方面？"

乔纳森："他很少告诉我应该怎么做。他总是问我关于工作、客户、我的计划的问题。我也可以这么做。"

乔治："很好，还有什么吗？"

乔纳森："我不再和他们一起去拜访客户，我可以根据销售配额设计一个行动计划。是的，我可以想一想在提前很多时间通知的情况下可以做什么，基于此我可以提炼出一个给下属的提议。"

仅仅是通过这些回答，乔纳森开始用不同的方式思考他作为销售经理的工作。现在是时候让乔纳森把行动的想法扩展成与下属互动的想法了。

乔治："如果我问你的下属，在奇迹发生之后，他们注意到你有什么变化，他们会说什么呢？"

乔纳森："他们很可能会告诉你，我没那么固执己见了，更容易相处了。可是，我也不想被他们利用。"

乔治提出了另外一个构建解决方案的问题："对，没有人想被利用。如果他们尝试利用你这一点的话，你会立即注意到的。那时候你会做出怎样的反应呢？"

乔纳森："当然，变得和原来一样固执己见是不会有什么帮助的。相反，实际上，我不希望他们会那么做。他们为什么会那样做呢？他们对自己工作的了解要比我透彻。"

乔治："你认为，如果你向他们表示你欣赏他们的专业，会不会有帮助呢？你如何把这一点和奇迹的下一小步结合起来呢？你在与同事相处时会有什么不同呢，乔纳森？"

乔纳森："是的，我会表达一些对他们工作的赞扬，而不是仅仅提出我准备好的而他们不太可能会接受的计划。"

乔治："好，你会怎么做呢？"

乔纳森："我准备好了提议，我不会像原来一样直接向他们提出来，我会请一位下属和我一起过一遍这个提议，我会问他过去什么对他来说是最有效的，然后把他的想法融合到我的提议中。我会问他，提议中包含什么会让他的同事更容易接受。"

乔治："很好，乔纳森。要把你刚刚和我说的这些付诸行动，你需要什么帮助吗？"

乔纳森："我只需要行动。"

这个对话揭示了什么？乔纳森不再陷于争论谁对谁错的问题中，而是能够从一个问题是可能解决的积极角度看待这个问题。乔治没有回应乔纳森的解决方案（"所有下属都接受我的提议，都按照我说的做"），因为要实现这个真的需要奇迹在现实中发生，这几乎是不可能的。

当乔治让乔纳森慢一点儿时，有用的回答很快出现了。

通过后续问题，乔纳森被引导着增强信心，并把信心转化为办公室里的行动。乔治持续地问乔纳森小的前进步伐，引导着乔纳森聚焦于他要做什么，从思想中远离问题，把自己引向可能的解决方案。然后乔纳森自发地选择了寻找资源和例外情况的方法。他立即给自己关于法则三——"如果你做的什么事没有效果，那就停下来，做别的事情。"——的反馈。这让乔纳森想出了一个促进自己和下属团队合作的策略。乔纳森描述如何把问题转成可能的解决方案时，他开出了解决方案的"药方"。

换句话说，在这个看似天真的问题中，什么是发挥作用的组成部分？下面列出其中的一些。

★ 问题的"假设"成分允许你的员工跳出纯粹理性的框架，放开聚焦问题的根深蒂固的思维模式。"奇迹"这个词允许对方思考最广泛的可能性，毕竟奇迹是没有界限和规则的。因此，奇迹问题让员工思考最广泛的可能性。

★ 这个问题绕开了对方可能的抗拒：因为问题的回答不是"理性"世界的一部分，也就无须使用理性的辩驳。

★ 奇迹问题以未来为导向。问题的回答与问题不再存在的未来情境联系在一起，奇迹问题弱化了现在和过去的问题，把员工的注意力聚焦在更令人满意的解决方案出现的未来情境中。

★ 奇迹问题用优雅的方式让员工提出清晰、未来导向的目标。一旦清晰的目标设定之后，找出解决方案就会容易很多。

★ 通过后续问题，你引导员工想出了他们在理性思考时无法想出的关于解决方案的具体而全面的信息。

★ 你通过行进问题，帮助员工想象未来问题解决时的可能性，给员工指出朝着期望的未来前进的一小步。

★ 一系列构建解决方案的适当的问题构建了一个通往解决方案的路线图。

★ 具体可行的小步骤的详细描述对到达充满希望的未来像处方一样发挥作用。

我们可以诚实地说，"奇迹"这个词在公司环境中有时候是不被接受的，特别是大家在"谈工作"的时候。而且，我们都相信谚语"讲你同事讲的话"，于是我们提议当你觉得或者认为这个词会对你要的结果产生负面影响时，跳过"奇迹"这个词。

你会在后面的例子中学到，不用这个词我们也可以用未来导向思考，你也会发现，奇迹问题的重要组成部分是操作性的。那你要怎么做到呢？你可以只用"假设"这个奇迹词语，就可以创造出一个奇迹般的问题。你不会说"想象一夜之间奇迹发生，所有的问题都被解决了……"，而是"假设所有……的问题都解决了……"。

使用奇迹问题的步骤

奇迹问题对员工个人、团队甚至是大的团体都发挥着作用。当然，前提是你要把问题准备好，让你的方式被人理解、被人接纳。你可以根据情况调整奇迹问题的具体表述方式。

"女士们，先生们，我们作为项目X的指导委员会，今天在这里开会。假设在周一早晨，我们经过一个放松的周末回到了公司，现在，假设在周末我们今天要面对的所有问题都被解决了，正好让我们可以顺利地执行这个项目。那么在周一，什么会让你意识到这件事呢？那么，你们作为一个团队，会做什么不一样的事情呢？什么是前进的很小的一步呢？"

下面的例子展示了奇迹问题可以在一个大的群体中被成功地使用。

一家运输公司正在贯彻执行ISO9002质量系统，公司总经理，同时也是公司的拥有者，已经在其他的几个项目中使用过聚焦答案技巧，公司10名不同级别的员工已经接受过奇迹问题的训练。

在质量项目的下一阶段，他组织了一场全体员工参加的为期一天的研讨会。所有的卡车司机、中层管理人员、调度员和公司总监都参加了。经过一个简短的介绍，总经理向100名员工提出了这个问题："我希望你们想一下，假设今天晚上一夜之间所有我们现在要面对的问题都得到了一定程度的解决，我们不再为那些问题头疼。让我们假设这件事发生了，明天我们都来公司上班。公司管理层、你的同事还有你会做什么不一样的事情？公司里会有什么不同？"然后员工们被分成了小组，每个小组都由接受过奇迹问题培训的人担任组长，组长负责提出这个奇迹问题的后续问题。

许多人都为这个奇迹问题感到奇怪。和所有大的团队一样，总有一些人会破坏这个过程。总经理把这些人分到了自己的组。在一天的会议上，提出了许多相关的建议和见解，总经理相信奇迹问题真的在加速公司ISO9002质量系统的贯彻执行。

在阅读这些不同案例中的不同表述时，你会注意到在奇迹问题的提出背后有一个隐藏的范式。鉴于奇迹问题是一个简单却又没那么容易被掌握的工具，我们给出了一个具体步骤，帮助你让奇迹问题发挥最大的效力。当然，和这本书其他的地方一样，我们建议你在应用的时候按自己的方式使用。

使用奇迹问题和后续问题的步骤：

①请对方允许你问一个"奇怪但是很有效"的问题。
②使用"肯定组合"，做好背景准备。
③提出奇迹问题。
④在提问的时候，要确保你明确表述了在奇迹中发生了什么。
⑤不要和对方讨论什么，直接接受对方给你的答案，即便对方的答案一开始似乎没什么用处。

Chapter 3
走对7步，迅速把庸才变干将

⑥问对方，他会做什么不一样的事情。

⑦通过问"还有什么吗？"引导对方给出更多的细节。

⑧问对方，与此相关的人会如何注意到奇迹已经发生。

⑨对每个有效的回答都要表示赞扬（"有效"在这里指的是对方回答中那些不是导向问题的反应），重复对方刚刚说过的话。

如果我们现在把这些连续的步骤转换为日常语言，就得到了下面的奇迹问题通用版本：

①我可以问你一个奇迹的问题吗？

②今天是星期四（是的），现在11点钟了（是的），我们坐在你的办公室里开这个会议（是的），今天工作结束之后你会回家（是的），晚上你会做一些需要做的事情（是的），然后你会去睡觉（是的）。

③现在，假设在你睡觉的时候，一个奇迹发生了。但是因为你睡得很沉，你不知道这个奇迹发生了。

④在这个奇迹中，所有你面对的问题都得到了充分的解决，它们不会再令你困扰。明天早上，你起床了，但是不知道奇迹已经发生了。你会怎样知道奇迹已经发生了呢？你会做什么不一样的事情呢？

⑤被访谈者："我会……"（描述奇迹发生之后不一样的事情）

⑥好，奇迹发生之后，你会做什么不一样的事情呢？

⑦还有什么吗？

⑧你的同事（同部门的人、其他部门同事、经理、高层领导）怎样才会注意到你这里发生了奇迹？他们会看到你做什么不一样的事情？他们还

会注意到什么？

⑨很好。所以现在它（奇迹）已经发生了，你会……（重复被访谈者刚刚说过的话）很好！

让奇迹问题发挥最佳作用的秘诀

1. 确保问题被接受

通过技巧性的表达，让这个看起来有点儿奇怪的问题可以被员工接纳。问你的员工，你是不是可以问他一个奇怪、可能会令他吃惊的问题，或者，更好的方式是，解释这个问题："我下面要问你的问题可能听起来很奇怪，但是，如果你想一下这个问题，你会注意到它会帮助你用不同的方式思考你的情况。"你甚至可以把这个奇迹问题嵌入到一个小故事中。

假设，伊丽莎白，我们的对话结束之后你回到了办公室，你做完了今天要做的事情，然后回到了家。在家里你可能还有很多事情要做——也许你要做饭，或者做一些家务，或者你还会带一些工作回家做。然后你和家人一起看电视，之后你会去睡觉。

你爬上床，睡得很沉、很香。在你睡觉的时候，让我们假设你的保护神在和她的同僚们打牌，突然间，一位名叫伊丽莎白的神仙说："你知道吗？我想今晚玩一个魔法，我很久没玩过了。"她朝云彩下面看了看，看到了你家。她对自己说："好了，一个和我同名的人在睡觉。我可以在她身上玩一个魔法。"

你当然不知道发生了什么，因为你睡得很沉。第二天早上你起床，什么会让你意识到发生了一个奇迹呢？你会做什么不一样的事情呢？

当对方顽固地坚持自己不相信魔法时，你可以轻松绕过这个障碍说："我也不相信，当然奇迹是不存在的，但是让我们暂时假设奇迹真的发生了。当你起床的时候你会做什么不一样的事情？"

2. 拒绝完美主义

最好不要问在奇迹中需要发生什么，才能让每件事情都完美。正如奇迹是很少见的一样，完美的局面在商业世界中是不可能的。因此，朝着完美主义方向努力会事与愿违。奇迹问题设计的目的是帮助你发现，要让现在的问题不那么严重，需要有什么小的改变。奇迹或者奇迹问题的结果最好就是"好到足以……"，后续要问对方在起床之后会注意到的最小的不同是什么。这种提问策略让你的干预尽可能不出差错。

3. 倾听你得到的每一个回答

即便对方的回答乍听起来没有什么用处，这个回答也可能包含着你平时不会得到的重要的信息。对方给你最初的回答常常是这样的："我们产品的市场变大了""利润增加了"，或者"竞争对手破产了"。虽然这些问题现在看起来没有什么用处，但是如果伴随这样的问题："假设市场没有变大，你会做何反应呢？""要做什么才能提高利润率呢？""对方公司破产之后，你们公司会如何趁机行动呢？"这些回答将会变得有用，这些问题的回答中常常包含着可以变成现实的想法。这样提问会增加新的可能，让对话朝着建设性的方向前进。

4. 关注员工的行动

起初，员工倾向于给出只有其他人行为异常的回答，比如你会得到类似这样的回答，"我想让我的上司不再干预我，让我自己做事"，或者"我想同事用我应得的尊重与我相处"。你可以在起初阶段接受这样的回答，但是很重要的是，要在后面超越这些回答，直入问题的核心。这是关于员工自己的行动的。在后续问题中，你要努力引导员工说自己不一样的行为，可以问："你的做法会有什么不一样？你们作为团队会有什么不一样？"

5. 索取更多细节

不要满足于泛泛的回答，比如"我会感觉好一些""我的上司会赋予我更多的责任"，或者"我会中彩票，然后离开这家公司"，甚至"我们的咖啡会更好"。你的后续问题会帮助你的员工想出更多具体、更有用的回答。

比如，你可以问："假设你开始感觉好一些了，你会做什么不一样的事情？""假设你的上司让你承担更多责任，你会改变的第一件事情是什么？""如果你真的中了彩票，辞职了，你会做什么呢？""假设你们公司的咖啡变好了，你会做什么和现在不一样的事情？"

细节，细节，更多的细节，这是重要的东西。通过探索奇迹问题对话中的细节，你们发现了资源、问题的例外情况和解决方案。

慢慢做，鼓励员工一步步描述他们在奇迹发生之后会做的不一样的事情。不要让他们把奇迹发生之后的结果想象成一个静止的画面，因为这只会提供静态的信息。把他们的描述想象成一部电影，你在一帧一帧地处理。让员工细分成小的步骤，引导他们描述活动的细节。如果你这样做的话，你可以得到有用的细节，然后扩展成不断发展的步骤，使问题得到解决。

与员工一起创赢未来

你现在已经很深刻地了解了，问题塑造了你得到的回答，反之亦然。通过提问和回答各种未来导向的问题，你们得到了新的解决方案的可能性。这种相互合作的对话会让你们共同创造新的情况。这种共同创造的概念是与这种荒谬的观点相对的——在商业世界和人的问题中，一个人可以产生现成的解决方案，在古希腊，这被称为"Hubris"（意为狂傲自大），希腊诸神会迅速惩罚这些人，给他们种种超出想象的永恒的惩罚。他们让人把石头推到山顶，但是在成功的一刻失败也会到来——石头从山坡另一侧滚下去，令人疲惫而单调的工作！

所以如果你希望避免永恒、疲惫而单调的重复性惩罚，那最好要遵守T.E.A.M的箴言——"在一起每个人实现更多"（Together everybody achieves more.）。

在对话的来回往复中，你可以通过用自己的语言简单地重复员工刚说过的话，促成双方的沟通协作，这样做，你可以把对方的话稍作变更，提出下一个问题。这种来回的沟通能把对话引向最佳的结果，还会有解决方案的新发现。

 结语

这一章教给了你解决方案的所有步骤。从邀请你的员工和你开始对话、相关情境的明晰，你进展到目标设定、密切关注着员工的资源、赞扬员工；与此同时，对于发生的事情的差异化的看法帮助你们朝着新的未来

起舞。所以现在你知道做什么了，如何用最简单的方式和员工起舞，共同为公司实现可能的最好的结果。

解决方案的步骤之美在于，这7步有着近乎无限种可能。而且，和所有舞蹈一样，你们可以朝着所有能想出来的方向起舞，你甚至可以不折回步伐朝后舞蹈。

当你花时间练习解决方案的步骤，你会注意到，并不是每种情况都需要这7步。实际上，朝着解决方案的步骤越少越好！

在你进行到下一章之前，我们希望你花时间思考下面的问题：

★ 哪些步骤最符合你作为管理者的个人特质？

★ 你希望多练习哪几步，把学到的新技能增加到你的技能库中？

★ 在什么情况下，你感到足够自信，把解决方案的探戈付诸实践？

为了帮助你快速掌握这7个步骤，我们建议你把7步列在一张纸上。然后用从0到10的数字给每一步打分，0代表"这还不太容易做到"，而10代表"我完全掌握了这一步"。现在开始把步骤应用在日常工作中，然后过一周左右，还是用同样的范围给自己打分。看看数字有什么变化，反思自己在有所进步的地方的做法有什么不同。享受其中的乐趣！

现在你已经学习了需要做什么，你可以前进到下一章节，学习什么时候去做。

Chapter 4
带人要懂得掌控全局

上一章教给你"做什么",这一章会教给你"什么时候去这么做"。在商业中,比如娱乐业,时机总是很重要,有时候甚至是决定性的,乃至生死攸关的。这一章会教给你掌控干预时机的工具,这个工具的形式是一个流程图:一个决策树形图,带领你在商业问题的丛林中用最快、最安全的方式抵达解决方案之地。学会使用这个流程图会帮助你在人员管理的时候更高效。

管理是让人把事情做成的艺术。很明显,在管理中你需要和人发展出某种关系。领导力就是在与员工的互动中使用的,所以你需要更具体地了解你和员工在某一个时间点的关系的类型。你利用流程图这个简单的工具持续地衡量你与员工的关系。这种工作关系的质量决定了你可以在多大程度上干预对方的工作。流程图帮助你决定在当前关系类型下,什么是最有用的干预方式。

流程图是如何发挥作用的呢?面对生活(和工作)的复杂性时,作为聚焦答案型管理者,我们选择让生活(和工作)尽可能简单。牢记威廉·奥卡姆的话："不要无谓地让问题复杂化。"基于此，我们形成了流程图上4个根本的问题，旨在让事情变得更简单。这些问题就像奥卡姆的剃刀一样——剃去了生活（工作）中多余的部分，又不伤及问题的复杂性和丰富性。

鉴于这些问题处理的是根本性的区别，4个就足够了。每个问题的答案都帮助你落在流程图的不同位置上，而针对流程图上的每个位置，我们都设计了特定的干预方式。

无论你和员工的关系如何，你只需要问自己下面几个问题：

①这是一个问题，还是一个限制？
②员工有没有提出需要帮助？
③员工的求助是否可行？
④我的员工可以用他们的资源吗？

你可以在下面的流程图上看到，每个问题的回答都把你指向了流程图中的一个位置。问题①帮助你做了一个根本的区分，是其他问题的基础。问题②、问题③、问题④指向了4种不同类型的关系（下面破折号后的词帮助大家记忆）。

★ 不承担义务的关系，员工未请求你提供帮助——路人。

★ 寻求的关系，员工已经请求你给予帮助，但是他们阐述问题的方式不可行——寻求者。

★ 咨询关系，员工把他们的问题用可行的方式展现给你，但是无法找到自己的资源或工具——购买者。

★合作专家关系，员工把自己的问题用可行的方式展现出来，并且有
能力使用自己的资源和工具——合作专家。

对于流程图上的每一个位置，都有特定的干预方式，帮助你用最小的
努力获得最大的成功。正确地使用流程图会帮助你明确你应该做什么，不
应该做什么——毕竟，做正确的事情，和把事情做对一样重要。

要最佳使用流程图工具，你应该按照这个顺序：掌握情境→问题①问
题和限制的区分→回答→问题②、问题③、问题④→关系类型→特定的干
预方式。

再次提一下，我们相信这种视觉辅助工具，会帮助你掌握书中不同的
层次，同时增加阅读的乐趣。

把流程图和聚焦答案模式的其他工具结合起来，把这个技能组合添
加到你已经掌握的技能和工具中，会把你变成你能想象到的最高效的管理
者！你会成为"少即是多"的大师。

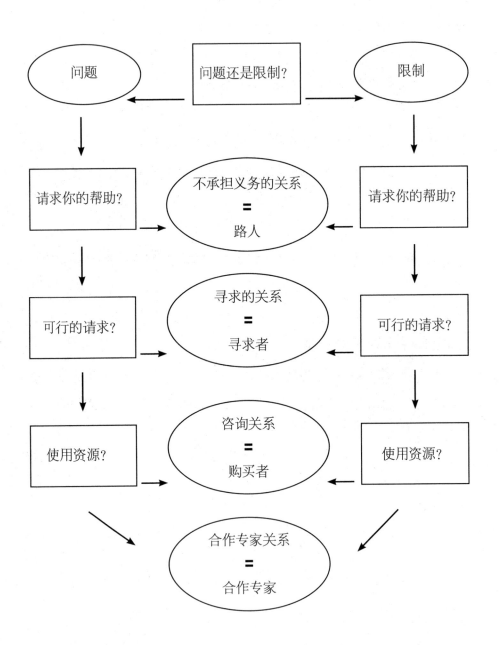

关系的类型描述指向你与员工在特定时间、特定情境下的工作关系，并不是指向员工的内在性格特征，只是严格指明了特定情况下你们的工作关系。这就是为什么我们使用以下4个术语来描述：不承担义务的关系、寻求的关系、咨询关系、合作专家关系。同时也使用4个简略词语：路人、寻求者、购买者、合作专家。请记住，"路人"的关系类型并不是描述了涉及人的内在特质，而是你和相关员工的不承担义务的工作关系。为了你阅读和记忆方便，请记住下面的表格。

不承担义务的关系	➡	路人
寻求的关系	➡	寻求者
咨询关系	➡	购买者
合作专家关系	➡	合作专家

流程图上的位置没有定量的价值。这只是对流程图上关系类型的"地形学定位"，引领你走向适当的干预方式。这样的话，你可以把流程图看作一种指南针。认为流程图上靠下的位置一定好于靠上的位置，是一种误解。比如，不承担义务的关系并不一定比寻求的关系好或者差。每个位置只是一个位置而已。

现实和关系都是变化的，不是静止的。流程图上的位置也是一样：随着时间的变化，工作关系会向上或者向下变化，到达不同的位置。这种持续的变化可以在一次特定的对话中发生，也可以在一次干预的不同阶段发生。此外，你和员工的工作关系会根据你们处理的问题变化。在问题A上，你们可能是咨询关系；而在问题B上，你们可能是不承担义务的关系。

认为聚焦答案型管理者的任务就是帮助员工在流程图上取得尽可能靠下的位置，这会令你事与愿违。聚焦答案型管理者的任务是帮助员工达到要实现相应目标最有用的位置。

要分清"问题"和"限制"

区分：问题还是限制

"神啊，求你赐给我平静的心，去接受我无法改变的事；赐给我勇气，去做我能改变的事；赐给我智慧，去分辨两者的不同。"

——平静之祷

在面对任何类型的情况时，首先问自己一个根本性的问题是很有用的："我们面对的是一个问题还是一个限制？"

限制被定义为你无法改变的事情——没有解决方案。限制的例子包括：过去发生的所有事情、身体的缺损、法律和法规的禁止规定、市场力量和宏观经济形势。假设你在一场车祸中失去了双腿，不管你做什么，你永远无法找回这双腿；如果你去年为公司做了一项很差的投资，你无法及时拿到资金，也无法改变过去发生的这件事。面对限制，你能做也需要做的唯一的事情是承认并且接受限制的存在，你无法改变限制。

有一个例子。一家公司发生了一场火灾，几位员工在火灾中丧生，火灾完全损坏了公司的生产能力。如果你在提供建议指导的时候，假设这是一个问题，你就犯了严重的错误。这种创伤、生命的损失和工厂的经济打击都是事实，是限制。假装这些都是可以通过重建和雇用新人解决的问题，会产生相反的效果。火灾无法被撤销，死去的员工无法重生。但是，学着接受这个悲剧，积极面对事情带来的后果，会找到可能的解决方案。

一旦公司和员工能够接受这个事故，开始行动，每个人都在帮助公司重建。基于这种"接受"的态度，公司出现了新的可能。公司可以改变它的战略路线，借助重新投资的机会实现飞跃，根据事故教训改变公司组织架构，等等，而事故后常见的哀悼方式可以让员工团结起来。

面对问题，我们是可以想出并且执行解决方案的。公司过去失败的投资可能是一种限制，但是现在由失败的投资造成的情况是一个问题。有很多方式处理失败的投资带来的后果，包括设计一个紧急补救方案，准备公司破产程序等。

经验法则告诉我们，当可能有解决方案时，这件事就是一个问题。如果解决方案是不可能的甚至无法想象的，那么你面对的就是一个限制。区分问题和限制至关重要，原因（至少）有两点。

①如果你把限制当作问题对待，那么你必然会失败。不管你的技巧多么先进，你永远无法解决根本无解的问题。有意思的是，人们常常拒绝或者无法看到有一些事情是无法改变的。这种过度的热情让他们不断投入时间、金钱和资源，结果却只会是沮丧和筋疲力尽。

②稍微少见一些的现象是把问题当作限制对待，这同样是徒劳的。你有多少次听过类似这样的话："想试着让那家伙有动力是没用的，不可能的"，或者"我已经试过了所有方法，但是根本没法和那些人一起工作"，甚至"我的员工团队有一半是傻瓜，让他们做事根本不会有效果"。这些都是一样的——人们错误地把问题当成了限制。这样做只会让人产生犬儒的心态，这在工作中是丝毫没有帮助的。在Chapter 6中，我们提出了可能帮人们走出这些陷阱的方法。

这种问题和限制的区分阐释了很重要的一点：问题之所以是问题，是因为有解决方案！毕竟，如果无法找到解决方案，这就不称之为问题，而是限制。换句话说，每个问题都有潜在的解决方案，否则它无法成为一个问题。限制本身是没有解决方案的，但是要解决限制的结果是有解决方案的，即，接受限制的存在，学习如何处理限制带来的后果。这是一个积极、有希望的观点，因为无望的感受不会再冲击我们。面对限制，我们能做的不只是接受。常常是一旦我们接受了限制的存在，新的可能性就会出现。

如何对员工的行为进行干预

在一件事被确认是问题还是限制之后，我们就可以开始应用4种基本的干预方式了。

1. 区分问题和限制

区分清楚！那些是问题还是限制的差异比较明显的情况是比较简单

的，但是，大部分情况是问题和限制混在一起。比如一家公司快要破产了，因为公司的信贷资源取消了对公司的放贷，而且债权人不允许公司推迟偿债，这时公司既面临问题，也面临限制。我们必须努力区分什么是可以解决的，什么是不可以解决的。

2. 接受限制

接受限制的存在。取消放贷的信贷资源无法改变，但是你可以通过其他的信贷资源找到解决方案。如果一家公司破产了，与破产这个现实斗争是在浪费时间和精力。你必须接受这个情况，找到继续下去的方式。毕竟，在失败之后，生活依旧继续。

3. 关注限制的结果

不要固守着限制不放，关注限制的结果，学着如何恰当地面对和处理限制的结果，这是更有用的做法。限制的结果常常是问题，找到解决方案是可能的。你的公司破产了，做什么可以帮助你把损失限制在一定范围呢？做什么事情可以避免个人负债呢？在个人层面如何应对这次失败呢？你如何为人生下一阶段的工作做准备呢？

4. 接受限制会迎来新的可能

在生活中，我们有时候要忍受不同的事情，除了忍耐什么都不能做。这是生活严酷的事实，但是人是有韧性的动物。

一旦你接受了无法避免的事情，一旦你停止尝试改变无法被改变的事情，一旦你不再"撞南墙"，一旦你接受了限制，你之前白白浪费的能量都可以为你所用——你开始向四周看，看到了许多之前没有注意到的机会。

请允许我们在这里给出一个令人悲伤的例子：当你的爱人去世，这对你的情感是巨大的冲击。但是，地球还在转动，时间和情感上的努力可以让你更好地面对这一事实。为爱人的去世悲伤，回忆甜美的记忆，为曾经的过去感恩，以爱人的爱为力量，这会慢慢帮助你接受爱人去世的事实。所有这些很可能会改变你，你可能会对生活抱有更温柔的态度。简而言之，爱人去世的事实会一直伴随着你，但是你学会接受这个损失，重拾希望，继续生活。

幸运的是，在工作中我们遇到的限制要平凡得多。当然，这并不是说我们要抱着放松的心态对待工作中的限制，因为这些限制对许多人有很大的影响。但是，用正确的方式对待工作中的限制条件，会给我们展开新的可能。有一些例子会让这一点更清晰。

★ 一家跨国公司关闭了它的一家当地的工厂，这导致当地损失了2000多个工作岗位，受到了巨大的冲击。政府决定投资重建和振兴当地经济。

★ 在一次大型的重组中，一个部门被解散了。部门的一些员工被分到了其他的部门，有一些人则拿了解雇金，被迫离开公司。他们都面对着新的未来。

★ 你的兼职没有被延期，更不要说拿到这家公司的雇用合同了。你不得不离开，但是你是带着经验走的。

★ 你有一家小公司，投入了大量的时间和金钱开发一个新产品。但是专利还没有申请下来。在产品进入市场的6个月后，你发现一家大型国外企业在卖一种和你的产品非常相似的产品，但是这家企业有能力大批量生产，并且低价销售，让你的产品几乎卖不出去。你试着起诉对方，但是无法承受漫长的司法流程。你感到愤怒又失望，你公司的智慧结晶被人窃取了，你意识到这场战斗你注定要输。你决定把公司和你的知识一起卖给那家国外公司，这时你发现自己有了开始新的事业的金钱和资源。

这里提醒大家：这种呼吁大家用最有建设性的方式接纳限制，不是要大家用"新时代运动"方式理解。相反，认可和接纳限制，接受限制产生的结果，寻找新的可能的机会是真实的，是"现实的政治"。我们不是要粉饰不好的事实，而是鼓励你面对现实，利用自己所有可能的机会。

所以，就此而言我们的任务是什么？我们的任务很简单，却并不总是很容易做到：做出正确的区分，首先自己做出区分，然后帮助员工原原本本地认可和接受限制的存在；我们的下一个任务是，帮助我们的员工用可能的最好的方式面对限制，这会降低我们的员工浪费时间和精力的可能性，同时，帮助他们开拓新的可能。

带人小贴士：

　　如果你把限制当作问题，你会失败；
如果你把问题当作限制，你会绝望。

每天花10分钟帮助从未主动找你求助的员工

一旦你区分了问题和限制，你可以问自己第二个根本的问题："我的员工现在有没有寻求我的帮助？"当这个问题的回答是"没有"的时候，你可以看到，在你的流程图上，你面对的是不承担义务的关系。员工没有就他的问题请求你的帮助。你记得在前几页中我们用"路人"这个词形容员工没有寻求你的帮助的情况。很明显，没有向你求助的人是不会投入地解决相关问题的。在不承担义务的关系中，你没有得到授权去干预这个问题。在"路人"关系中，你面对的这名员工仿佛走在开满解决方案店铺的街上，但是对商店橱窗里卖的东西没有什么兴趣。这些人只是路人。

路人的不同类型

路人通常被分为两类：一类路人说自己没有问题，但是别人觉得他们有问题；还有一类路人认为自己有问题，但是认为自己不需要帮助。

作为聚焦答案型管理者，你面对第一类路人的时候很可能是因为别人在你面前提及了这个人。这一类人不认为自己有问题，他们认为是别人在和自己相处的时候有问题，因此，他们不得不来和你谈话。这一类路人经典的说法是："我上司让我来找你，谈谈我领导风格的问题，但我觉得这只是因为他自己不知道如何管理人""我没有与人沟通的问题，是我的同事不知道如何向我咨询问题""我的同事觉得我工作做得不好，但是这是公司文化的问题""上时间管理的课程可能会对我有帮助，但是他们没有给我时间去上这个课"。在极端情况下，你会听到这一类路人说："我来找你是因为我不得不来。"

第二类路人认为自己面临着问题，但是相信要解决问题不需要你的帮助。他们到你这里来只是要告诉你，你不是帮他们解决这个问题的合适人选。这种类型的路人会说类似这样的话："我不知道你作为人力资源经理能不能帮我，因为我的问题是由最近的公司架构重组造成的"，或者"我没法让我部门的员工支持使用新的ERP软件包，因为没有人真的赞成使用它，你作为经理什么都做不了"或者"我不理解为什么我的上司认为我必须和你聊聊这个项目管理的课程，当然，我们最近的3个项目进行得是有点迟缓，但是很明显那是项目分包商的问题，绝对不是我的问题，你什么也不能帮我"。

路人并不总是一个人，一整个部门也可能采用路人的方式处理问题，陷入到不承担义务的工作关系中。你可能会在身边发现这个经典的例子。

一家公司的销售部门和研发部门之间出现了沟通的裂痕，更确切地说，两个部门开始公开地吵架。两个部门都不认为是部门间缺乏沟通导致了问题的出现。

研发部门指责销售部门销售的客户定制产品是没办法在项目期限内生产出来的。销售部门说，研发部门顽固地坚持制造市场上的标准的产品，根本卖不出去，他们只好销售客户定制的产品。两个部门都没有提出需要帮助，他们都认为自己在做应该做的事情。这种僵局被他们视作对方部门的错误和责任。双方都认为对方应该做出改变。

人们常用这样的话来拒绝那些没有求助的员工和团队："他不需要被

帮助""如果她不知道她想要什么，她就不应该来烦我""比起在这么消极的他身上浪费时间，我有更多更好的事情要做"。这种对员工指责的态度并不符合聚焦答案模式，也于事无益！

请记住我们对4种位置下的本质的评语——员工没有提出需要帮助，并不意味着这个人是一个"不好而且不积极的员工"。这些人没有什么错，这只是目前关系的类型。

当然这并不意味着我们只能接受他们不投入的状态，维持现状。相反，我们承认他们目前不投入的状态，不指责他们；但是与此同时，我们对他们在目前特定问题上不投入的状态进行衡量，然后看看我们能做什么，才能让他们投入到这些事情上。这样能够对他们自己、他们的团队和整个公司有益处。我们作为管理者和教练的任务和责任是：改善目前的关系，看看能做什么改变，使之成为一个对相关各方都有利的关系。

如果这种不承担义务的关系是员工故意为之，源自员工的恶意而且是员工有目地给公司带来不好的影响，那么这就是另外一种完全不同的情况了。这种行为是恶意破坏，和不承担义务的关系完全无关，那就是你作为管理者和领导人采取行动的时候了。

当你的员工以路人的姿态做事，而且就一个问题没有提出需要你的帮助，没有投入其中，这并没有消减他们对公司工作的参与。他们就这个问题没有提出需要你的帮助，这并不意味着他们什么都不想做。如果他们什么都不想做的话，那么他们就是在妨碍公司的工作，这就不得不使你作为管理者和领导人来以不同的方式进行干预——在这种状态下，你并不是处于一个不承担任务的关系中，而是在处理一个妨碍公司工作的情形。妨碍公司工作在一个公司中是不被接受的。在这种情况下，很重要的是你要采取一个更加正式的姿态，利用你的权威而不是教练的身份。不过请放心，几乎100%的员工都清楚，顽固地妨碍工作或者是断然地拒绝合作会导致他们离开公司。但是，现在，让我们把破坏公司的工作和不情愿解决问题的情况放在一边，相信员工会尽最大努力做好事情，直到事实证明判断有误，以此作为我们下文的前提。

当你的员工没有提出需要你的帮助时，他们仍然展现出了对所在组织的参与。这是一个平台，以此为基础你可以用下面的4种干预方式帮助他们。

对路人的干预

传统的管理模式倾向于把提出需要帮助的员工看作一种负担，与此相反，聚焦答案型的管理者把与路人的沟通和工作看作一个挑战。

而且它的确是一个挑战！在不承担义务关系的挑战中，你有机会在最大的限度上测试你的管理技能。员工没有提出需要帮助，这当然是有原因的：也许他们并不理解这个问题，也许他们并不认为这个事情需要改变或者可以改变，也许他们现在没有关注这个问题。实际上，这个问题的"为什么"并不重要，有两点原因。第一，大部分"为什么"问题的答案都会很快地引向"谁应该被指责"，所以我们要坚决避免这种情况；第二，即便是你的员工现在没有提出需要帮助，也许之前你已经用一种微妙的方式向他提供了你的帮助。但是这并没有效果，所以现在要尝试一些其他的做法。

要解决这种困难的不承担义务的关系，有一系列的干预方式，在下面你会读到这一系列干预方式是如何在实际案例中发挥作用的。干预方式的4个组成部分是紧密联系在一起的。

1. 不要强制提供你的帮助

干预措施的第一部分对于大部分管理者来说很简单，但是也很困难——如果你的员工没有提出需要帮助，那么就不要提供帮助。你肯定知道这句俗语：如果你坚持，那我就抗拒。所以，请不要强制提供你的帮助，而是迅速地移动到系列干预措施的下一部分。

带人小贴士：

　　一个不愿意让你帮助的人是不会接受你的帮助的。

2. 表示你的欣赏

在上一章的第一节，你学到了好的工作关系是变化的发动机。要使目前不承担义务的关系朝着一个更加有益的你与员工之间合作的关系推进，明智的做法是进一步发展你和员工合作关系的这个基础。幸运的是，这并不复杂！你只需要表示你对员工真诚的尊重和欣赏。要做到这一点有许多方法，你可以从下面的列表中选择最适合你性格的方式。

★ 假设员工缺乏改变的激情或者缺乏创新的兴趣背后却有良好的动机。

★ 向员工表示你对他们的经验、智慧和观点的尊重。

★ 友好，谦恭。

★ 公开地赞扬员工身上可以被欣赏的地方，并且坦诚地告诉对方。

简而言之，不要只关注他们现在没有提出需要帮助，以及（或者）就目前这个问题有没有提出需要帮助。相反，关注员工过去做过的或者现在在做的你可以给予赞赏和积极评价的事情。如果在这方面你觉得需要一些帮助，请回到上一章阅读社交和赞扬的部分。

在你做完了这些之后，你会发现你和员工之间的紧张关系变得放松。这种关系的融洽表明现在可以进展到"路人"干预措施的下一个阶段。

3. 提供额外的信息

有时候员工没有提出需要帮助，原因很简单——他们坚信自己是不可能得到帮助的。这种想法可能源自缺乏自信，缺少信息，或者在更多的情况下，是两者的结合。在这些情况下，你可以提供信息，帮助他们意识到改变是可能的。如果他们可以依赖这些额外的信息，就可以鼓起勇气采取小的步骤，最终提出需要帮助的请求。

我们大部分人都记得电脑慢慢成为办公室标准工具的那段时间。如果你记得，那你可能还记得公司有些老员工拒绝或者非常不情愿用电脑。你可能记得他们这么说："这么多年来，我做自己的工作都没有用这个精巧的玩意儿。既然我不一定能有效地使用电脑，我绝不会浪费自己宝贵的时间学习如何使用它。"强迫这些老人（这种现象现在已经绝迹了）使用电脑，常常会产生相反的效果。给他们提供如何使用"这个精巧的玩意儿"的信息，特别是向他们展示他们会如何慢慢从中获益，让他们改变了主意。现在，这个例子虽然有些老，但是比如当你要升级会计制度时，你可能会遇到相似的情况。

4. 找到一个可以被接受的其他问题

在你展示了对员工的兴趣和欣赏之后，即便他没有就目前的问题提出需要你的帮助，你可以寻找他可能愿意为之努力的其他问题。这种优雅但是执着的方式有时候会帮助你的员工开拓思想，这样你就可以继续。如果这种干预有效，比起从一开始就介入和干预目标问题，你会获得在其他问题上提供帮助的许可。基于此，介入你最开始想帮助员工的事情就变得可能。

这里最重要的是，你让员工自己承担行动的责任。等待世界上其他部分的改变常常是徒劳的，更好的方式是帮助处于不承担义务关系中的员工寻找他们能做的事情。

这些干预的目标是什么

总结一下，这些相互联系的干预方式的目标是：帮助你的员工，给他们机会提出帮助的需要。

★ 如果他们接受，他们就承担了责任，这一直是有效行为的核心，也会促使合作的开始。从这一点出发，你可以进展到流程图的下一阶段。

★ 如果他们不接受，那么至少你已经尽力在改变你们的关系的质量。这时就需要他们自己面对不承担义务的关系的后果。在任何情况下，你赞赏的态度并没有阻碍关系的发展，最终他们可能会提出需要你的帮助。

这些干预措施在现实中如何发挥作用

人力资源部经理接到了来自生产部经理的一个紧急电话，生产部经理说："在吗？能帮我一个忙吗？我团队里有一个家伙叫艾里克，他要把我逼疯了，我觉得他总是在暗中破坏我在团队里的权威。我们刚刚大吵了一架，我让他去找你，你会帮他改掉他的臭毛病。我还告诉他说，这是他最后的机会了，如果他不立即停止他的破坏活动，我就会将他踢出这个团队。你可以现在和那个家伙谈一谈吗？他在去你办公室的路上。"

人力资源部经理："这个家伙工作做得好吗？你真的想让他离开你的团队吗，还是说在其他方面他对于团队是一项宝贵的财富？"

生产部经理（为这个问题感到有点儿吃惊）："好吧，他工作做得很好，可以说是最好的。问题是他知道这一点，他觉得这给了他特权。但这次我是认真的——要么他表现好一点儿，要么我就会将他踢出我的团队。"

人力资源部经理："我不敢承诺你什么，但是我会和他聊一聊，看看能帮你做什么。"

艾里克冲进了人力资源部经理办公室的房间："我不得不来这里找你，因为我的经理让我过来。他指责我在团队里暗中破坏他的权威。但是这不是真的。这根本就不是真的。他特别愤怒，他命令我过来找你，否则他就会将我踢出他的团队。我觉得那家伙简直疯了。就是这样，我没有什么可说的了——他才应该去看精神病医生。"

人力资源部经理："太混乱了！坐下来，让我们看看能做些什么，请告诉我发生了什么。"

艾里克讲了一个长长的曲折的故事，简而言之就是他和经理之间多次误解后的最后雪崩。

艾里克倾诉了一会儿，这时人力资源部经理说："好了，艾里克，我理解你的意思了。我不想在这里用理智分析你们谁对谁错，你在这里，是因为你不得不来，我的工作也让我和你聊这些。很明显你的经理对你不满，但是看看这个问题积极的一面：他让你过来和我谈，这意味着他觉得解决现在的问题还是有机会的，否则他就不会费心让你来找我了。现在，让我问你一个更加有用的问题，要让你的经理不再找你的麻烦，你要做哪些不一样的事情？"

很明显，艾里克就他上司提出的问题——假定他有暗中破坏的行为——根本没有提出需要帮助的意愿。因此人力资源部经理决定不再进行这场关于事情真实情况的无用的搜索和分析——真的是艾里克在暗地里搞破坏吗？那种干预措施不会有任何结果，只会带来更大的麻烦。人力资源部经理指出，艾里克的上司虽然在和艾里克争吵，但是他请他来找人力资源部经理谈一谈背后仍然有一个积极的原因，这很可能会产生一种安慰的效果。人力资源部经理的最后一个问题帮助艾里克思考另外一个替代性的问题——要让艾里克的上司不再找他麻烦，艾里克需要做什么不一样的事情呢？这个问题是艾里克可能会提出需要帮助的问题，从这一点出发可以开始一个有效的对话。于是，艾里克开始谈要让他和上司的关系有所缓和，他需要做哪些不一样的事情。

为了让这种干预更清晰，你可以想象一下下面这个比喻。想象你是一个卖冰柜的销售人员，你的销售范围是北极圈。你可能没法把冰柜卖给一个爱斯基摩人，但是他可能会对一个能让他卫生地储存食物的柜子感兴趣。换句话说，爱斯基摩人不需要让他的食物冷冻，但是通过表达对他居住环境的兴趣，同时不把产品强加给他，你可能会卖出一个其他产品——一个保护他的食物免于滋生寄生虫的机器。即便你今年没有卖出，如果你用一种恰当、友好和尊重对方的方式与爱斯基摩人相处，至少明年再来的时候你会带来一个更适合他的产品。

培训不感兴趣的员工

读者中如果有培训师，或者对于那些需要常常培训他人或者向员工传递信息的读者，下面是另外一个经典例子。

许多参加管理培训项目的人都是因为上司的要求才不得不来。其中有一些这样的人的表现会被不用聚焦答案模式思考的人视为"妨碍者"——他们表现出自己没有丝毫兴趣，他们反叛。面对这种抗拒行为，如果你的反应是努力让他们对项目感兴趣，你可能只会遇到更大的抗拒。可是，如果你接受他们的消极态度，并且努力和他们建立良好的关系，你有很大的可能可以与他们协商，使他们抱着不同的目标参加这个培训。比如，你可以同意他们用自己能接受的方式参与培训，尽力不要让培训师烦扰，不要打扰其他学员，让派他们去参加培训的公司满意，等等。

"指责分包商"案例

比尔是一家炼油厂的设备经理，负责技术项目建设的协调。他常常感到沮丧，他向他的员工抱怨说，承包商，特别是承包商员工的分包商总是不能兑现他们的承诺，这导致建设项目常常延期。比尔害怕丢面子，所以他不愿和他的上司谈这些问题。问题的爆发是因为，有一次，一条特殊的生产线没有按时完成，导致整个生产线停顿，带来了巨大的财物损失。这时比尔被管理团队置于"聚光灯"下，生产经理和财务经理都非常愤怒，他们让比尔到他们的办公室去："见鬼，到底发生了什么，比尔？你从来什么都不告诉我们。我们只能猜在公司里你那部分事情进行得怎么样。现在你关闭了整个生产线而没有提前告诉我们，不能再这样下去了。"当比尔试图转而指责承包商为自己辩护时，管理团队提醒他，他是那个付钱给承包商、让承包商做事的人。管理团队同意再给比尔一次机会，他们任命一位富有经验的项目经理布鲁斯作为比尔的导师。"看起来你似乎没办法自己把事情理顺，比尔，你过去工作得很努力，这也是我们没有把你当场开除的原因，但是我们已经没有耐心了，我们不能再接受你不告诉我们项目的进度这件事。现在你要么接受帮助，要么就离开公司。"比尔虽然不喜欢管理层这样做，但是他也没有别的选择，只能接受。

在比尔和布鲁斯的第一次会议上，比尔说："我不知道为什么管理层要这样做，我过去工作得非常努力，做了所有我能做的事情。对于我来说，他们强迫你来做我的导师，与其说是帮助，不如说是惩罚。我想提一句，我并不是针对你——你也只是在服从命令，我并不觉得有什么事情是你能帮我的，除非你有什么魔法能让那些承包商按时把他们的工作做完。"

布鲁斯立即意识到，比尔并没有就如何改进自己的工作以平息管理层的愤怒来寻求他的帮助。布鲁斯接受了这个事实，即比尔只关注那些没有按时完成任务的承包商。这很明显是一个不承担义务的关系。布鲁斯意识到，这样进行一场对话是无效的，所以他采取了另外一种办法——他决定给比尔一次机会来倾诉他的沮丧。

布鲁斯："好，比尔，你和我都不是要改变这个世界，更不要说改变承包商的行为了。你能不能先把你的观点解释给我听，然后我们看一下你可以怎样运用你的管理技巧来提高你的管理呢？"

比尔放松了一些，他详细地阐释了一系列的原因和借口，并且坚持这些项目的延期并不是他自己的错误："我已经做了所有我能做的事情来让那些承包商按时完成他们的工作，你肯定也知道我没有办法端着枪跟在他们后面逼他们做。一直冲他们发火也没有效果，这只会逼迫他们编造更加蹩脚的借口，然后给我们的公司带来更多的问题。我给他们的合同在法律上而言已经不能再详细和严格了。在这个情形中，你要理解，布鲁斯，你要给人们留一些余地，否则你就找不到愿意做这份工作的人了。每次当我最终找到一个愿意做这个项目的人，我都没有时间和他们坐下来详细地谈一下这个项目。一旦他们接受了一个任务，这些承包商都要自己做——把这个事情做好是他们的责任，而不是我的。"

布鲁斯："在这个过程中你是如何和你的管理层沟通的呢？"

比尔："你在开玩笑吗？我都没有时间和那些承包商去谈，更不要说向管理层汇报我的工作进度了。我不管他们，他们也不要管我——每个人都要做自己的工作。"

布鲁斯："所以，如果我理解得正确的话，你刚刚说的就是，一旦你们签订了合同，你就对结果有了盲目的信心。"

比尔："好吧，基本上是这样的，对的。这难道不是很正常吗？我的意思是，每次我说我要做什么事情的时候，我会做好。我就不理解为什么我的分包商不能用同样的方式做事。而且我完全不能理解，为什么管理层在这一点上不能相信我。但是很明显，他们不相信我，否则你就不会在这里和我谈话了。"

布鲁斯现在进展到了系列干预措施的第二步（赞扬）："比尔，尽管出了问题，现在有很多事情仍然进行得很顺利。你在公司内部有着良好的声誉。你的大部分项目都是按时进行的，虽然总是赶得很急。管理层感到担心，派我来和你谈话，这直接表明他们不想失去你。此外，在风暴之中，你也能够对你的承包商保持一种积极的态度。不管你的工作多么困难，你仍然一直在做。"

比尔觉得自己得到了支持，他感到更放松了，也没有那么防备了。这时布鲁斯进展到了干预措施的第三部分："要让管理层不再认为你和我需要谈论这些事情，你要做哪些不一样的事情呢？"

比尔："如果我能让我的承包商按照他们承诺的做，我就不需要再和任何人谈论这个事情了，但是我觉得那是一个神话。"

布鲁斯："对的，虽然神话有时候会发生，但是我们最好不要依赖奇迹的出现。那你的上级呢？要让他们不这么紧迫地盯着你，你要做哪些不一样的事情呢？"

比尔："好吧，也许我应该再做另外一些事情。照现在的情况，我只是尽最大的努力让那些承包商做事，但是并不是完全牢靠。到现在为止，我做的只是把整个项目放到规划软件中，这样那些承包商能够看到整体的情况。我当然会继续这样做，但是如果我能更多地给我的上级一些关于进度的反馈会更好。如果事情失去控制，那么至少他们会立即知道情况。你觉得怎么样呢，布鲁斯？"

布鲁斯："听起来是个好主意。你有没有想把这种给出（得到）更多的反馈的方式延伸到你和承包商的互动中呢？一石二鸟会非常好，你有没有这样觉得？"

比尔："那会非常完美，但是我们应该怎么做呢？"

布鲁斯："很明显你现在没有很多时间了，但是你可能仍然需要花一些时间来让事情变得更有效率。我知道你的部门在使用规划软件，你觉得有没有可能用软件把报告进行整合？"

比尔："当然，输入的内容几乎可以转换成你需要的任何报告的草稿。啊，太好了！既然我把每项任务都放到了规划软件中，我就可以轻松地从规划软件中得出两份不同的报告。一份可以作为给承包商的项目执行指导，另外一份可以递交给我的上级，这样他们就知道项目的进度了。"

布鲁斯："非常好，比尔，太好了。你觉得有没有可能把你的想法再向前推进一步呢？当你给承包商合同的时候，你和承包商开一个会，一步一步地把项目的执行计划过一遍，这会不会是一个比较好的主意呢？这样你就可以从一开始就让你的承包商参与进来。这场会议的报告你可以发给管理层，也可以作为项目执行的进度表。"

比尔："是的。我可以使用这个进度表——当然我还得另外给它起一个更好的名字——来满足我上级的需求，让他们在消息圈内。与此同时，这会促使我和承包商进行更多的沟通。虽然我时间不多，但是从长远来看这会帮我节省很多时间。"

布鲁斯："恭喜你，那就去做吧。"

这次干预的结果是：比尔找到了另外一种方式来和他的上级相处，而且他也找出了和他的承包商沟通的不同方法。

处理不承担义务关系的建议

①如果你的员工没有提出需要帮助，那就不提供帮助，不要强迫他们接受帮助。

②尽可能培养积极的工作关系。

③提供额外的信息。

④看看是否有可能发展出另外一种对方提出需要帮助的情况。

婉拒你办不到的事，锻炼员工自己解决问题的能力

如果员工提出需要帮助，我们要问自己第三个根本的问题——这种求助可行吗？如果这个问题的回答是否定的，这就说明，在员工提出需要帮助时他们并不清楚自己要做什么才能找到解决方案。因此他们期待别人代替他们来解决问题。换句话说，他们授权你代替他们解决那个问题。我们称之为"寻求的关系"——他们走进了我们的商店，把问题放到柜台上，等着我们给他们提供解决方案。他们并不是不愿意解决自己的问题：他们在寻求帮助，但是他们找错了地方，他们没有找真正能找到解决方案的人——他们自己。

寻求者的行为特别像我的邻居——约翰。有一次约翰和同事开会的时间比预想的要长，之后他们一起去喝酒，结果大家又把这变成了派对。所以，约翰回家的时候是半夜，他醉醺醺的，但还说不上完全喝醉。他尽可能轻轻地打开大门，但是他的手总是握不紧钥匙。过了几分钟，在办公室工作到半夜的我也回家了，我惊讶地看到约翰在他家门口的马路上，在路灯下面跪着找什么。我走过去问他："约翰，怎么了？要帮忙吗？"约翰口齿不清地说："我在门口把钥匙弄掉了。""那你为什么要在路灯下面找呢？"约翰说："因为这是唯一有光的地方。"

寻求者的不同类型

寻求者的4种类型都有一个共同的特性：他们希望得到帮助，但是完全不清楚自己可以做什么。你很可能可以在自己身边找到下面这几类寻求者。有时候，你会遇到不同类型寻求者的组合，这会使作为经理的你——你的基本任务是帮助员工改变他们对问题的看法——面临的挑战更大。在接下来的几页里，我们会先描述这几类寻求者，然后告诉你如何采取干预措施。

1. 推卸责任的寻求者

当你和寻求者沟通时，你会听到类似这样的话："如果我的同事把他们该做的事做好了，我就可以按时完成我的报告""高级管理层并没有对我们的工作表示出多大的兴趣，他们怎么能期待我们有更多的动力呢？""如果生产时间延迟，我的销售人员只会失败""只有其他人工作更努力，我才能做得更好""如果上级没有赋予我对部门不良气氛采取行动的权力，使情况变好一点儿，我什么都做不了"，或者更直白的，"如果其他人（同事、上司、其他部门同事、合作伙伴……）不改变，我什么也做不了。"

这种类型的寻求者也许是最常见的，我们可以称之为"亚种群"思路，大家都能在一些员工的身上发现这种想法，我们自己也曾经在某个时间有过这种想法。这种"不是我，是大家"的态度很容易辨认。坦白地说，谁在面临困难感到无能为力的时候没有过这样的想法呢？这种类型的寻求者的做法就像他们是自己所在环境、某人的奇思妙想、群体缺乏合作的受害者。他们期望从你这个管理者那里得到的帮助是——你改变其他人。

2. 目标模糊不清的寻求者

你还会遇到这种寻求关系：员工提出需要你在一个模糊并且(或者)难以界定的目标上帮助他们。这种寻求者会做出这样的评论："我们最近沟通不太好""我不能再提起这个事情了""我们之间不再合拍了""气氛很消极""业务迟滞""我没有精力了，对于工作我感觉很差，没有安全感"，或者"我希望公司和原来一样"。当你问他们，他们这么说具体指的是什么时，你会得到类似这样的回答："你知道的，很难用语言说清楚""我不知道怎样会说得具体一些""这只是一个整体的感觉"，或者就是简单地告诉你"如果我能回答这个问题，问题早就解决了"。很明显，实现如此模糊、难以界定的目标几乎是不可能的。

3. 目标过多的寻求者

如果你是一位幸运的管理者，领导着一个充满激情的团队，那么你可能会遇到这一类寻求者。这类寻求者同时就非常多的问题提出许多不同的求助，导致你无法给予他们这么多的帮助。

比如你可能遇到一些会这样说的人："我现在正在做员工的升职面试工作，我这一周还要和9个人谈话。我们的预算也需要尽快完成，得到管理层的批准，因为这个预算案会对我们的投资产生巨大的影响。而且，我还忙着就新的生产线的具体布局进行谈判，但是我需要花更多的时间来准备这项谈判所要求的整体投资方案包，否则高级管理层是不会批准的。我们的业务进行得特别好，因此我急迫地需要一个新的工程师，所以我需要和我们的猎头谈一谈，商定要找的这位工程师的具体条件。除了这些，我还在想，我该如何以及什么时候来准备我们下周内部会议上我领导的研习班。我最近特别忙，但是我似乎什么都没做完，而且我好像失去了焦点。你能帮帮我吗？"

很明显，这位"超人"员工承担的工作量远远超过了他或者任何人所能承载的量。

4. 自我否定的寻求者

这些员工提出了"自我毁灭"的求助，他们把自己置于"第22条军规"的情况："我想要……但是这是不可能的，因为……"他们可能会说类似这样的话："我想要咨询更多的人，但是我不能，因为作为一位工程师我太内向了""我希望把项目管理引进我们的公司，但是我们的组织架构太混乱了""如果经济状况不改善的话，我根本就没有办法使我的员工更有动力"（一个极端的例子），或者"如果我们不降价的话，花时间去投标争取新的合同是毫无用处的"（一个更极端的例子）。简而言之，他们就像在说："如果我有足够的时间就好了，那么我就会上一门时间管理的课程。"这种寻求者往往把每一个解决方案都消灭在萌芽状态，或者根本不去想其他的替代办法。

对寻求者的干预

针对寻求者的干预方法，整体来说就是帮助他们用更可行的方式表达他们的问题，使他们重拾自己可以做一些事情的信心。

在接下来的段落里，在你阅读寻求者的干预措施时，你会注意到干预措施的背后有3个主要的策略。策略一，你提出构建解决方案的问题，帮助你的员工把不可行的求助转化为有用的目标。如果你记不清楚什么是"有用的目标"，请快速翻看Chapter 3解决方案中的定义。

策略二，你使用构建解决方案的问题是要促成改变自己的观点，重新拾起对改变的可能的信心。

策略三，巧妙地使用你在Chapter 3中学到的解决方案的7步。

虽然这些策略并没有确定的顺序，但是记住这些策略会对你有帮助。你会学到一些新的技巧，请把这些技巧添加到你构建解决方案的干预措施的不断扩容的"武器库"中。下面的文字阐释了这些干预是如何发挥作用的：

①虽然你没有时间，但是你还是坚持找解决方案，这很好。（积极的支持）

②你自己能做哪些不一样的事情？

③哪些事情仍然进行得很顺利，让你还想改善现在的局面？（关注进行顺利的事情）

④让我们一起试着让事情变得更具体。（让问题更具体，并且/或者排列优先顺序）

⑤在哪些情况下问题不再让你烦扰，或者烦扰少了一些，那时候你做了什么不一样的事情？（寻找例外情况）

1. 积极支持员工的寻求

无论他们的努力多么低效，至少寻求者带着积极性去做些什么。所以，认可和支持他们的寻求，表达对他们的努力的赞赏是很好的。

你的任务是帮助员工用不同的方式发挥他们的能量，这样他们就不会再"用叉子喝汤"了。你是怎么做到的呢？你赞扬他们的努力："你告诉我你很沮丧，因为你工作得非常努力，却没有成功的迹象。但是我必须赞扬你坚毅的努力。你愿不愿意寻找一种让你的努力更有效的方法呢？"

2. 让员工承担改变的责任

对于上一段结尾的问题，一个不相信自己可以改变什么的人会给出这种回答："如果别人不改变，我不知道自己能做什么不一样的事情"——正如我们在"推卸责任的寻求者"的部分所说的一样。

这种想法让员工无法行动。如果你试图让你的员工相信他的观点是错的，结果很可能是，你们两个人都会迷失在理性的讨论中，对于你们的工作关系没有任何益处，也很可能不会得到有效的成果。

但是，还有另外的方式。通过提出正确的问题，你可以引领员工换个角度看他们这种固执的想法。下面我们来说一说你应该怎么做到这一点，你也可以自由地尝试其他方式。

★ 员工的执念：如果我的同事把他们该做的做好了，我就可以按时完成我的报告。

问题：如果不等待同事提供的信息和帮助，你能做哪些工作？

★ 员工的执念：高级管理层并没有对我们的工作表示出多大的兴趣，他们怎么能期待我们有更多的动力呢？

问题：即使你没有感到来自高级管理层的支持，要让你工作得更有干劲，还有哪些小的、你可以做的不一样的事情呢？

★ 员工的执念：如果生产延期，我的销售人员会失败。

问题：你是怎样让你的销售人员有动力的呢？他们哪些部分的销售工作应该进行得很好？

★ 员工的执念：如果别人工作得更努力，我才可以表现得更好。

问题：你愿意尝试什么很小的改进，即便其他人没有和你一样做？

即使你的员工还没有能力或者意愿去做不一样的事情，至少你把这个观点植入了他们的脑海，告诉他们，他们自己可以承担责任。

3. 提问"尽管有问题，哪些事仍然进行得不错"

你用这个问题教给你的员工，除了他们来找你谈的问题，在工作中还有更多的事情进行得不错。这种干预帮助他们把视野超越了目前的问题。这不是什么新的方法——在Chapter 3的第四节，我们已经学到了发现员工的资源的重要性。你可以翻到前面，快速复习你这里可以用的相关技巧和构建解决方案的问题。

此外，这里我们还提供给你另外一种优雅、简单但很有力量的干预方式，它既是以问题的形式出现，也是以任务的形式出现。这种干预非常适用于寻求的关系，不过对其他类型的工作关系也适用。

"继续"问题

"继续"问题是这样的："你觉得什么是你生活中重要而且有价值的，是你希望继续的？"你也可以直接问："你希望哪些事情继续保持现在的情况？"

继续问题的答案可以是人们在个人层面上希望继续做的，也可以是他们希望在团队、部门、公司、市场的位置、与其他部门的合作中希望继续保持的。

"为了更好地弄清楚你的团队里要改变什么，我们必须首先知道，在问题之外哪些事情进行得不错。毕竟，我们不能'在泼洗澡水的时候连孩子一起泼掉了'。在下一次会议之前，花点儿时间观察团队里什么是你肯定希望继续保持的。"

"不管你认为你的工作有多困难，我希望你想想工作中哪些是你觉得很有价值的，是你希望继续的。这些事情可能像你的健康保险、薪水、同事关系一样重要，也可能很小，就像你午餐时的一杯卡布奇诺，或者公司订阅的报纸。"

"继续"任务

"继续"问题的一个有趣的变形是以"任务"的形式出现的。你要求你的员工定期地指出那些小的进行得顺利的事情："如果你同意的话，我希望你在这次会议到下次会议之间，每天花点儿时间——比如在下班回家之前——想一遍当天的工作，写下一天发生的事情中你希望继续看到的那些。"

通过要求员工把这些写下来，"然后我们在下次会议上详细讨论一下"，你把这些点变成了具体的现实。这些任务引领你的员工真正地按照这个思路思考，他们的关注点从只聚焦问题变得更为开阔。

为什么这种继续的干预方式有用

这个技巧之所以有用，背后有两点原因。首先，这可能也是最重要的一点，这种干预让员工关注问题之外那些依然进行得很顺利的事情。否则人们为什么还希望这些事情继续发生呢？"寻求者"员工常常觉得什么事情都不顺利。花时间去注意那些仍然有效、让人高兴的事情，可以让员工用不同的角度看问题。这个简单的任务并不总是很容易做到，但是它非常有用。

其次，这个技巧帮助员工转向解决方案的方向。不管这些有用的事情多么小，它们常常包含解决方案的元素，而一旦你注意到它们，它们可以很容易引向更大的解决方案。不管你的员工给出了什么答案，都是创造了一个平台，你可以在这个平台上构建得更高。当一个员工抱怨同事给他的工作量太多时，如果你问他，他希望什么事情继续保持，他可能会回答说，他喜欢这份工作，希望为这家公司工作，觉得工资很不错，而且当他帮同事做完事情之后，同事会表达他们的感谢，这也让他感觉很好。这些回答是你帮助他克服他的抱怨，做一些不同的事情的起点。

关于自我思考的小提议

为了更好地理解这个问题的力量，我们希望你来完成下面的任务。

★ 你觉得在工作中哪些是你觉得足够重要、有价值、你希望继续保持的？

★ 你觉得在个人生活中哪些是你觉得足够重要、有价值、你希望继续保持的？

简单写下你的想法，然后把答案收起来，并且发现这些回答带给你的影响。

4. 让问题变得具体，确定优先顺序

在寻求的关系中，当你的员工用模糊、定义不清的语言风格描述他们的求助（云一般模糊的目标），或者你的员工同时承担过多的任务时，请使用下面的干预方法。这很可能是帮助你的员工最简单、最直接的方式，因为这是管理者擅长的干预方式。

但是，我们并不建议你使用传统的干预方式，也就是管理者告诉员工做什么，然后希望员工完成指示。正如本书一直在讲的，我们希望你用非直接的方式给员工提出建议，句子的最后带着一个问号，或者使用许多构建解决方案的问题。

在Chapter 3的第三节，你学到了如何把整体、模糊、抽象、不清晰的问题变成准确清晰的描述、具体和明晰的问题，以开拓通向解决方案之路。

请记住，有用的目标是：

①实际的、可实现的。

②实在的、有形的，比如，用看得见的行为描述。

③最好是从小的目标到大的目标。

模糊的问题，比如"办公室里的情况不好，我们要改""我希望我的员工在工作的时候开心""我们应该都努力变得更有雄心"，可以很容易地通过下面的问题被转换成更可行的形式："让办公室的情况更好一些，你能做哪些很小的不一样的事情？""你觉得你会怎样注意到员工工作的时候更开心了呢？""你如何定义你自己更有'雄心'呢，当你在雄心的衡量尺度上有所进步时，你具体实现了哪些事情呢？"

对于下面这些定义不清的问题也是一样："我们的市场渗透应该更大""我们的新任务陈述应该更吸引人、更时尚一些"。这时你可以使用这样的问题："我们现在的市场渗透是怎样的，我们可以采取哪些具体的步骤让市场渗透更大呢？""哪些表述你可以换种方式表达，这样当你让同事读新的任务陈述时，他们会反馈给你说这个新的陈述更时尚、更吸引人？"

对于"目标过载"的问题，你可以提出帮助员工确定解决问题的优先顺序的问题。你可以提出这样的问题："我很高兴看到你同时承担了这么多工作。现在，如果你把所有不同的任务列出来，把它们按照从小且简单的事情到大而困难的事情列出来，会不会有帮助？或者把它们放到坐标里，一个坐标轴是从低到高的优先顺序，另一个坐标轴按照紧急程度从低到高排列，这样的做法会不会更好一些？"

奇迹问题也是一个非常好的转换工具。描述奇迹发生之后的情况，就是用生动的细节描述未来希望看到的场景。评量问句可以帮助你把一系列模糊的目标转换成小的步伐。

5. 寻找问题的例外情况

正如我们提过的，所有的问题都有例外情况。但是，寻求者们很少相信他们在做一些能够构建"例外情况"的事情。他们假设例外情况的出现纯粹是因为偶然，与他们在做的事情无关。这种思维导致他们相信自己没有能力创造问题的例外情况。我们作为管理者的任务是帮助这些员工意识到，他们可以用许多方式利用例外情况，构建解决方案。这让他们重获希望——他们重获"改变会发生"的信心，并且可以做些什么让改变发生。

你可以通过提出合适的构建解决方案的问题做到这一点。比如，当一个员工抱怨说，要缓和他的团队的紧张关系他什么也做不了，你可以问："在过去什么时候团队的关系没那么紧张？那时候你做了哪些不一样的事情，不管这些事情有多小？""上次你感觉在团队里放松是什么时候？那时候有什么不一样？那时候你做了什么不一样的事情？当事情变得好一点儿的时候，你的团队成员说你做了什么不一样的事情？""上周你们一起去客户那里做产品推介的时候，事情都很顺利。你们是怎么做到的？你做了哪些不一样的事情让那次产品推介很成功？"

要进一步增加你的解决方案的技巧，请看一下下面另外一些干预方法。

"观察"的任务

让员工承担一个"观察"的任务是帮助他们发现问题的例外情况的一种很有效的方法。比如，员工被要求观察什么时候项目团队里的紧张关系没那么明显，记录那个时候大家做的不一样的事情。或者整个团队被要求观察，下一次会议上气氛比较轻松的时候，大家在做的不一样的事情。通过这些任务，让员工的注意力集中到更期望看到的、更有用的行为上，而不直接告诉他们应该做哪些不一样的事情。这是引导事情变得更有效的方式，原因很简单，当员工发现了这些行为时，他们更有动力去做这些有效的事情。如果你尝试这个方法，你会发现员工在寻找例外情况的时候很有创造力，能够基于此找出他们自己的解决方案。

预测任务

有时候员工想不出过去的例外情况，逼迫员工回答关于例外情况的问题只会让事情更糟糕。所以，如果回溯过去没有效果的话，那就朝未来看吧。你要怎么做呢？你请员工每天（每两天）晚上或者早上花时间预测自己的行为和自己同事的行为。你要求他们准确地预测问题的难度、问题发生的次数、他们对问题的掌控程度、会发生怎样的例外情况，以及问题会如何结束。（有创意的读者可以自由地根据情况对预测任务进行调整。）

评量——预测混合体

把评量和预测结合起来的方法有很强的效果。首先，你请你的员工给进度评级："在一个从0到10的标尺上，如果0代表'什么改变都没有，一团糟'，10代表'情况很好，问题不再使我们烦恼了'，你现在处于什么位置？"如果你的员工说在3的位置，你请他尽可能地形容3意味着什么。然后，你把评量方法和预测任务结合起来："好，在从0到10的标尺上，你位于3的位置。很好。我希望你在接下来的一周每天早上上班之前，预测当天你会处于标尺上的什么位置。把这个数字写下来，晚上回忆自己的一天，写下你认为当天实际在标尺上的数字。注意这会带来什么不同。"这个问题让员工把注意力从问题上面转移到评估自己的预测上。

这个看起来有点儿奇怪的任务为什么会有效呢？当然，正常人都不会相信人们可以预测不可预测的事情。但是，通过把员工的注意力转向例外情况（每个高于0的数字），这会创建对解决方案的聚焦。不仅如此，通过让员工预测例外情况的强度和频率，例外情况出现的概率会变大。在任何程度上，这种任务会增加员工寻找例外情况的可能性，最终达到员工预测的数字。通过预测例外情况，然后观察例外情况，员工无法否认改变发生的可能性。毕竟，他们创造了自我实现的预言。

罗伯塔是一家大型的美国跨国公司的商务经理，公司总部位于底特律。她负责欧洲很大一部分地区的销售工作，在自己位于罗马的家中工作。她常常遇到一个问题——因为她和她的一些客户签订的协议是违反公司的总体规定的，特别是在付款的条款方面。现在，公司总部坚持要求她在收回应收账款方面遵循公司在全球的规定。位于底特律的总部一直不断地告诉她，只有在得到了公司总部的认可之后他们才能够接受例外的情况，但是罗伯塔不以为然，因为她位于公司总部的千里之外，她觉得这种规定根本就没有道理。她认为公司总部的人不了解欧洲市场的情况，特别是意大利市场是如何运作的。见鬼，她怎么能够让意大利的客户更快地付款呢？她会丢掉这些客户的！而且，她的客户们总是在期限的最后几天才会付款，她是通过信用证的方式来确保客户会付款的。罗伯塔知道自己负责了欧洲很大一部分的营业额，所以她感觉很放松："如果我不管这些总部不灵活的规定，他们也不会来找我的。"可是，不幸的是，她的总监已经没有耐心了。当罗伯塔又一次允许一个客户延迟很长时间付款的时候，总监给罗伯塔寄了一封挂号信，告诉她这是最后的警告："如果再有一次违反规定的事情，你就会被立即开除。"如此正式的警告是罗伯塔压根儿没有想到的。罗伯塔立即给公司的人力资源总监、她的老朋友汤姆打电话，寻求帮助："汤姆，你能帮帮我吗？试着告诉我的总监，总部的人需要更多地理解欧洲不同市场的情况，特别是意大利市场的情况。我和总部现在出现这个问题是很不应该的，因为我尽了我最大的努力来卖尽可能多的公司产品，他们必须知道因为我在付款方面做出了让步，我才能保有我大部分的意大利客户。"

在咨询了罗伯塔的总监之后，这位人力资源总监给罗伯塔的是不好的消息："你的总监告诉我说，他非常欣赏你的工作，你带来了非常多的销售额。但是他很愤怒，也受够了你处理某些事情的方式，特别是你不断地违反公司在应收账款方面的规定。总部要求你遵守全公司的整体规定。他们催促你停止向你的客户承诺你做不到的事情，因为这些是违反公司在全球的规定的。你必须坚持遵守公司的规定，就是这些了。"

这个消息让罗伯塔都要发疯了。在之后的两周，她觉得非常不安，时时刻刻都害怕电话铃响起，她怕是什么她"未经总部授权就批准延期付款的"客户给她打电话。她还考虑了辞职，但是她又觉得自己喜欢这份工作；此外，作为一位单身母亲，放弃这份工作的做法并不是很可行。她害怕去拜访客户，所以她让自己每天都沉浸在一些积压的琐碎工作中。过了两周之后，她意识到这种情况不能再继续了。在绝望之中，她又给汤姆打电话："汤姆，我需要你的帮助。我这里完全是一团糟，我一直在努力找到另外一种工作方式，但是我不知道怎么弄。这些客户都太习惯我对他们的意愿做出让步，我真的不知道怎么办，也许我应该考虑认输，然后离开这家公司了。"

人力资源部总监提出要和罗伯塔开一次视频会议，他们可以一起寻找一个解决的方式。汤姆很清楚地知道，罗伯塔是一位寻求者：她有非常强的求助的欲望，但是她的目标是不可行的。她越寻找解决方案，就越深陷在困境中。在第一次视频会议中，人力资源部总监和罗伯塔谈了她工作中每一个积极的方面，谈了她在公司的成功的过去，告诉她说，公司并不是真的要开除她，压根儿就不是这样。汤姆还强调说，她需要找一种方式来让那些她未经公司授权就允许延迟付款的客户接受公司关于付款的规定。他允许罗伯塔把她的问题和想法都讲出来，然后汤姆问了罗伯塔这样一个问题："在一个从0到10的标尺上，0代表'找到解决方案根本就没戏'，而10代表'解决问题有足够的希望'，你觉得你位于什么位置呢？"

罗伯塔回答说："一个大大的0。"

汤姆："好，罗伯塔，要改变现在的情况达到1的程度，你能做的很小的事情是什么呢？"

罗伯塔："充满信心开始工作，而不是藏在我的办公桌后面，祈祷客户千万不要打电话给我。"

汤姆："很好，罗伯塔。这就是很大的一步了，也许是太大的一步了。还有什么别的吗？"

罗伯塔："你问的问题很难回答。我不知道。也许我需要再看一看我的出差时间表，拜访一些客户——但是只是那些我确定已经在遵守我们现在付款规定的客户。"

汤姆："很好，罗伯塔。如果你这样做的话，在从0到10的标尺上你会处于什么位置呢？"

罗伯塔："嗯……嗯……也许是在2的位置，但是我不知道还会不会有什么问题。那些我未经公司授权就允许延迟付款的客户早晚会给我打电话的，而且我需要这些客户，因为他们代表了我销售额的三分之一。"

汤姆："没有问题，罗伯塔，放松一点。你并不需要同时处理所有的事情。"然后他给了罗伯塔下面的任务："我希望你在从今天到我们下一次会议之前的每一个工作日的前一晚都花时间来预测你第二天在0到10的标尺上的位置。把这个数字写下来。第二天晚上你再做一次评估，看看这一天实际的情况是怎样的。看看你预测的数字和你当天晚上写下的数字有什么不同。还有，写下你觉得和这个事情有关的一些事情。3周之后我会到意大利，那时候我们可以当面谈。祝你好运！"

这是一个比较模糊的任务，唯一的目标是它有可能会帮助罗伯塔在预测的时候寻找自己行为的不同。也许这会帮助她把眼光放宽，关注其他的事情，而不是她目前深陷于其中的这一个问题。

在3周之后，汤姆和罗伯塔在罗马见面了。罗伯塔非常高兴地对这位人力资源部总监说，她感觉好了很多。"在我们的电话之后，"她说，"我鼓起了全部的勇气，然后全力工作。我拜访了几乎所有我的那些'没有被惯坏的'客户，我还让自己去拜访了那些潜在的客户。这有很大的帮助。"

在过去的3周里，她完成了很多单销售，所有的都符合标准的付款规定。除此之外，她还给公司总部撰写了一个提案。提案的标题非常让人有希望："提升我们客户的关系"。在这个提案中，她做了一个详细的、逐步的分析，分析她会如何准备与每一位延迟付款的客户谈判，让他们遵守公司在全球的规定。她很清楚地解释说，如果公司总部能给她一个过渡的时间段，她会尽她所能来让这些未经授权就延迟付款的客户遵守公司付款的规定。她还清晰地列出了每一位客户的过渡时间期限。"这就是我所有能做的事情了，"罗伯塔对汤姆说，"现在就看公司总部怎么说了。如果我为此丢掉了销售额，他们得保证不能怪我。"

汤姆赞扬了罗伯塔灵活的态度和创意，并且向她允诺他会尽他所能来帮助她获得公司总部对她提案的批准。他还问了罗伯塔在0到10的尺度上她觉得解决问题的希望有多大，罗伯塔告诉他现在是在5的位置。

又过了几周，总部研究了她的提案，做了一些微小的改变，然后批准了。总监给罗伯塔发了一封传真，告诉罗伯塔，他欣赏她的态度，他会为那些丢掉的客户承担责任。3个月之后，只有一些客户对罗伯塔提出的新的付款条件表示了消极的态度，但即使是这些客户也欣赏罗伯塔提出的过渡期的想法。一位客户给罗伯塔写信说，他觉得很难接受这些付款条件的变化，但是他很欣赏罗伯塔并没有直接把付款条件的改变作为一个既成事实通知他。如果是那样的话，他就不得不放弃和罗伯塔公司的合作了。当然，有一些客户还是提出了特殊的要求，但是罗伯塔现在能够用一种坦诚的方式来寻求公司总部的意见和批准。在一些案例中，她得到了总部灵活性的批准，总部也相信这些延迟付款的情况都在掌握之中。

这种干预方式的设计让罗伯塔学会不要在一场与公司政策作对的、注定要输的战役中斗争——而是寻找一个方式来把公司的规定纳入考量，同时不让她的客户失望。公司也学到了灵活地应用严格的规定在商业上是非常有效的。

处理寻求者关系的建议

①积极地支持员工的寻求。

②提供帮助，让"不是我，是他们"变成"我可以做一些不一样的事情"。

③注意问题之外进行得顺利的事情："继续"问题。

④重新表述问题，让问题变得更具体。

⑤寻找问题的例外情况。

> **带人小贴士：**
>
> 不要给搜寻者钥匙，而是告诉他们怎么找到钥匙。

和员工合作，找到解决方法

现在，让我们转到前面提过的根本问题的第四和第五个问题。员工的求助是可行的，那员工能否利用他的资源？如果答案是否的话，那么你和员工处于咨询关系中。他们来找你寻求如何利用自己的资源的建议，他们愿意去"购买"你给他们的建议。换句话说，一旦你和员工处于咨询关系，他们就给了你帮助他们、利用他们的资源的许可。

正如我们之前提过的，任何可被用来得出解决方案的工具都是一种资源。工具是任何能被有效利用的东西：洞察力、本能、人际关系、知识、问题的例外情况、理论、经验、外界的帮助、小提示和技巧、智力等。有时候，我们的员工已经有了可以使用的资源，但是他们不知道如何使用。有时候他们没有或者不知道这些工具，那么，我们就提供关于这些工具的信息。

下文史蒂夫和麦克的例子会阐述，当员工提出的求助是可行的时候，应采取怎样的干预措施，例子中史蒂夫不知道如何利用这些资源。

没有时间去创造时间

史蒂夫是一家连锁房地产中介公司的经理和所有人，他白手起家创建了这家公司。麦克是一个有着独立职业的咨询师和教练。他们都是一家商业俱乐部的成员。

一天，史蒂夫给麦克打电话："麦克，我需要和你私下里谈一谈。我知道你的工作就是为别人提供咨询，我非常需要你这样的专业人员的帮助。"

他们在史蒂夫的公司见面了，一番寒暄之后，史蒂夫解释了他想和麦克谈话的原因。史蒂夫："我真的觉得我需要一些帮助。我已经把这个事情推迟了太长的时间，但是我已经不能再继续坚持下去了。我将提到的问题和我的公司完全没有关系，因为公司运行得非常顺利。这个事情和我有关系，我最终决定给你打电话寻求帮助，是因为我妻子的催促。她做得很对，我真的需要一些人的帮助来得到一些建议。我现在困在其中。"

史蒂夫讲了他长长的创业故事。他还记得那些他独自一个人工作，什么事情都要自己做的日子。他带着遗憾说："就是那些日子，我还记得那些工作带来的愉悦和刺激。我很幸运我在创建这家公司的时候正是房地产业务开始腾飞的时候，自此以后我一直乘风破浪般前行。当然，我也遇到过一些不太好的情况，但从整体来看，每件事情都很顺利。虽然那时候我几乎什么事情都要自己做，但我觉得那时候我的时间反而更多一些。现在我有几家中介公司，雇用着45个人，我本来觉得有人来帮助我工作会给我带来更多的自由和时间。完全错了！现在我根本就没有时间做任何事情，因为我总是在紧赶慢赶。"

麦克："这是个很棒的故事。恭喜你事业取得成功，你在创建和发展这家公司的时候做得非常好。我也很高兴听到，你的家庭对于你来说是一个安全的港湾。现在我们谈论什么会让这次会议对你的问题有帮助呢？"

史蒂夫："有很多东西要谈，但是两个事情现在比较突出，而且这两个事情是相互联系的。第一，我没有时间。我尝试上过一段时间的管理课程，但是没有什么效果。第二，它太复杂了，而且我没有时间来投入地、真的去应用这些技巧。"

麦克："没有时间去创造时间，这是一个有意思的悖论啊。还有什么吗？"

史蒂夫："我最近雇用了一个销售经理，他的工作就是培训那些销售团队成员。我本来希望他会帮我节省一些时间，这样我就能做我最擅长的事情——达成交易。我当然应该花时间去教导他，但是直到现在我没有足够的时间来真正地把公司的情况介绍给他。我已经尽力尝试了，我们也约了一些会议的时间，但是完全没有效果。总会有一些事情干扰——一个只有我才能达成的交易，一个不能推迟的和潜在客户的会议。所以这并不是一个解决方案，反而给我带来了一个额外的问题。"

史蒂夫意识到他的时间管理方法和他教导员工的方式都非常低效，他的销售经理也并不喜欢现在的工作状态。他的销售经理尽了很大的努力，但是并没有从史蒂夫那里得到重要的信息，他现在还是只了解公司的表面情况。

史蒂夫和他的妻子谈过这件事，妻子认真倾听之后提出了一些很好的建议，但是还是没有效果。史蒂夫一直坚持说他尝试了每一件能做的事情，但是还是因为没有时间，所以不能改变现在的状况。他总是在解决很小的问题，但是从来没有看过整体的情况。

"我觉得我就像一个消防员，拎着水桶跑来跑去，去扑灭各个角落里的火，但是整栋大楼还是在着火。"

史蒂夫能做什么？

虽然资源是很容易就可以使用的工具，但是让对方用正确的方式使用工具并不总是很容易。毕竟，他们在解决这个问题时有很多失败的尝试。

通常他们的失败是因为他们没有使用工具的正确指导，或者他们在看到结果之前就放弃了（"我用两周的时间尝试了那种时间管理方式，但是没有效果。"），或者他们没有用正确的方式使用工具（"在我的工作中，根本不可能确定优先顺序，因为有一些毫无预料的事情会发生。"），或者他们很快从一个工具跳到另一个工具（"我尝试了很多事情，比如写报告，但是我没有时间写；每周开会，但是从来没有组织成功。什么办法都没有用！"）。这些例子表明他们有资源，但是不知道如何正确地利用资源。

有时候，对方不知道自己有可以利用的资源。一些人从来没有听说过时间管理，安排优先顺序，或者通过报告分享信息这种有效的方式，你仍然（或者会一直）见到不知道如何高效组织会议的团队。然后你需要做的就是教给他们如何利用这些资源。但是这样的情况很少，特别是在你工作的复杂的商业环境中。

我们帮助咨询关系的员工最重要的策略是：鼓励他们，帮助他们（重新）正确地使用工具和资源。

处于咨询关系中的员工，就像走在开满售卖解决方案的店铺街上的客户一样，他们带着需求走到店里来。他们要购买的是能帮助他们解决问题的工具。有时候他们已经有了工具，但是没有使用手册，不知道如何让工具发挥最大的效力。我们作为解决方案的销售人员，建议他们使用能找到的最好的工具，给他们正确的使用手册，之后他们就可以自己解决问题。

对购买者的干预

这种关系基本的干预方式是创造一个情境，让购买者在其中学会如何（重新）更有效地使用他们的资源。和以前一样，用构建解决方案的方式提出问题是构建解决方案的一个更好的办法，要比直接提供成形、现成的解决方案好得多。

所有对于购买者的干预方式都拥有下列元素。

1. 分析之前寻找解决方案的尝试

"你尝试过什么办法，但是没有效果？"这个问题会弄清楚员工尝试过什么，但是没有成功。这会帮助你节省时间和精力，原因很简单，如果有些事情没有效果，那就不要继续做。这个回答还会告诉你，员工是怎么想的，怎么做事的。此外，这个尊重员工的问题也让员工感觉到，你对他解决问题的尝试是有兴趣的。

2. 找出所有小的成功的先兆

找到过去有一些效果的解决方案。问这个问题："你尝试的哪些事情有一定的效果？"我们之前说过，大部分购买者之前都尝试过很多方法，但没有成功。通过问这个问题，你可以了解到问题的部分进展。购买者常常中断他们的尝试，因为他们没有立即看到效果。他们有"在泼洗澡水的时候连孩子一起泼掉了"的倾向。常常是这种情况：如果你对他们的方法进行调整，就可以很有用。问题常常是如何让他们用更正确的方式再次尝试。

另一个有用的问题是："过去类似的问题发生时，什么做法是有效的？"这样你可以让他们把过去用过的有效的资源拿来解决现在的问题。

3. 最好用提问的方式给出建议

购买者准备好了接受来自他人的帮助，我们当然要提供帮助。聚焦答案模式是一个超大的模式，所有的资源和技巧都来自管理常识。所有其他的管理模式和方法都可以在聚焦答案模式的框架之下加以使用。

你可以使用的工具和资源是无穷的：所有可能的管理模式和方法、场景计划、组织管理、项目管理、战略业务规划、尝试、授权的技能、危机管理、沟通、财务管理、预算……换句话说，囊括所有经典的管理工具、方法、技巧、建议。你能用的知识、经验、智慧常识越多，你作为管理者提供的帮助就越多，效率也越高。

提出建议最有力的方式是在建议的结尾加上一个问号。"你会不会觉得……""……会不会有帮助？""如果你尝试……会怎么样？"以问题的形式给出建议，避免了对方的抗拒（"如果你坚持，那我就抗拒"）。通过以问题的形式提出建议，你把建议的所有权和责任转移给了员工。这比直接告诉员工做什么要好得多。

麦克："好了，史蒂夫，让我们看看你可以做哪些不一样的事情。你告诉我，你去参加了那次时间管理的课程，尝试了一些课程上教给你的技巧，但是最后你放弃了，你具体尝试了哪些技巧呢？"

史蒂夫："他们教给我的一个方法就是列出每天要做的事情清单。我尝试了这个方法。这能让我获得对工作的宏观了解，于是每天我就坐下来列出这些清单，但是我放弃了，因为我几乎要溺死在这些清单里了。而且，根本就没有什么效果，因为我几乎总是完不成清单上的工作。每天结束的时候我会感到更加沮丧，因为每天我都是失败的。令我感到高兴的唯一的事情就是我看到了我的工作量有多少。"

麦克："好了，做这些清单还是有一点点帮助的，因为它能够让你有一个整体的了解。当然，这并不能快速解决你的问题。你有没有兴趣学习比做清单更有效的方式呢？"

史蒂夫："当然了。只要是比我现在正在用的更好的方法。"

麦克："也许只要一点儿调整就会有帮助。我认为你同意这种说法：工作得十分刻苦并不总是很有效，但是灵活地工作是有效的。对不对？正如你提过的，待办事项的清单对于整体的了解是特别有用的。但是，你认为真的要把清单上的事情做完是一个常见的错误。人们倾向于给这些行动限定了太严格的时间表，这也是他们会失败的原因。当然，你有很多事情要做，你不可能把这些事情都做完，所以调整待办事项清单是很有用的。"

史蒂夫："我很好奇要怎么调整。"

麦克："把紧急事项和不紧急的事情做一个调整，把重要和不重要的事情再做一个调整，会不会是一个很好的主意呢？这样的话你的待办事项清单就成了一个矩阵，而且你仍然能获得对整体的了解。你愿不愿意在接下来的几周尝试这样做，看看会有什么不同呢？"

史蒂夫："很有意思的概念。所以你不希望我给这些清单列定时间表是吗？那为什么会有用呢？我还是要把这些事情做了呀。"

麦克："对，不用限定时间，只是有一个宏观了解的矩阵。然后你还是照常做你的工作。我想知道你在尝试这件事情的时候会发现什么。顺便说一句，这个练习就像慢跑一样：每三周做一次两个小时的慢跑是没有用的——这既危险又没有效果。这个练习也是如此——你只有每天都坚持做才会有用。你可能还会想每天花一点儿时间来反思一下自己学到的东西。"

史蒂夫："我会尝试一下的，正如我父亲说过的：'如果你不去做，你总是会失败。'现在关于我销售经理的事情我该怎么办呢？我们做过的一些事情是非常有用的，如果我们能够见面更频繁的话会更有效，但是并没有足够的时间。一周眨眼就过去了。"

麦克："你尝试过什么呢？"

史蒂夫："当他开始为我工作的时候，我们设定了一个非常有野心的计划。我们同意每天见面开一个小时的会，这在前两天都是正常进行的，但是我之后需要离开这里出差几天，之后我们就再也不能继续这个计划了。我还想说，并不是说我们不谈话，我们只是聊得不够多。最近我有一点儿担心了，他开始抱怨我没有为他腾出时间。上一周他还直接问我，我是否真的确定需要雇用他来当销售经理！"

麦克："你是真的想让他做你的销售经理吗？"

史蒂夫："当然了。他是正确的人选。他来自房地产行业，有着丰富的经验，我只需要给他足够的时间让他了解我公司内部的信息。此外，我想知道他每天都在做什么。他是我一项非常大的投资，我希望能够看到结果。"

麦克："知道你的员工每天都在做什么是一项非常庞大的任务，也许这并不可行，也并不明智。"

史蒂夫："我并不是这个意思。我对我的员工有足够的信心，乐于让他们用自己的方式工作，对于我的销售经理也是如此。但是现在事情进行的方式是错的，我们花了更多的时间为会议做计划，而不是花时间去召开一场会议。我们讨论得更多的是我们应该更多地见面这件事，而不是其他的事情。这真让人沮丧。"

麦克："很好，这至少表明你们是主动地想要开会，而且没有什么误解。首先想好你想要告诉他什么，这是不是一个比较好的主意？然后决定你希望从他那里得到哪些信息，最后想想你们会见的频率和方法。"

史蒂夫："所以你提议我们不要再讨论会议的内容，最好是花一点儿时间来确定一个整体的框架？"

麦克："就是。你甚至可以要求你的销售经理提出一个计划，这样你就不用花自己的时间了。我很确定，他会觉得你让他这样做是源于你的信任。毕竟你还可以纠正、润色他关于你们会见的提议。"

史蒂夫："好的，我会试着这样做的。这肯定比我们现在的方法要好得多。我只需要花一点儿时间来创造时间，让我试着这样做，然后过几周再见一次面。感谢你的建议，麦克。"

对购买者的干预措施清单：

①你尝试了什么，但是没有效果？

②你尝试的哪种做法有一点儿效果？

③以问题的形式提出建议。

给员工提供建议没有什么错。你一定还记得第四条法则："如果有些事情有效，那就从中学习，或者教给别的人。"这一点有一个很重要的前提——员工提出了求助，他的求助是可行的。对于没有向你求助的人提供帮助是没有用的（也是不尊重对方的）。

并不只有经理才会给出建议。员工之间会互相沟通知识、小提示、技巧、建议。作为经理要鼓励这种专业知识的分享，特别是在一个T.E.A.M的团队中，团队成员处于咨询关系时，才能"在一起每个人实现更多"（Together everybody achieves more）。

关于"群体智能"（Swarm Intelligence）的科学研究著作告诉我们，智能存在于个人，但是，也许更多的是存在于一个相互合作的群体的个人之间。如果你在公司的合作关系中多多宣扬第四条法则，并提供支持，你的公司会变成一个"聚焦答案智能群体"！

支持和帮助员工做更多有效的事

当第四个根本问题（他们能不能使用资源）的答案是肯定的时候，你进入了合作专家关系，我们称这种关系中的员工为"合作专家"。这些员工提出了需要帮助的请求，求助是可行的，他们有着清晰和可行的目标，他们知道如何利用适当的资源解决问题。

合作专家的不同类型

你会在下面的情况中遇到处于合作专家关系中的员工。

第一种情况是你与员工就某个问题合作，成功地经历了流程图中的不同阶段，到达合作专家的阶段。正如你所知，你和员工的关系在流程图上是不断变化的。通过你作为经理的干预，你帮助员工从不承担义务的关系，进展到寻求关系、咨询关系。在理想的情况下，你们进入合作专家关系，这时你的员工完全能够掌控自己创建解决方案的技能。在这些案例中，你的原则是鼓励员工："更多地做有效的事情！"

第二种情况是你的员工不知道自己的资源和能力可以让他们找到很好的解决方案。他们知道自己工作得很好，但是需要有专业知识和权威的人加以确认，朝着正确的方向加以推动。对于这样的员工，你的原则是：

"去做吧！"

第三种合作专家关系的情况是，我们很幸运，我们在教给员工一些事情的同时，也从员工身上学到了一样多的东西。

想象你是一个登山教练。在受训者爬山的时候，你告诉他们你现在会采用一种非常特殊的培训方法。你舒服地坐在椅子上，穿得很暖和，拿着喇叭和双筒望远镜，让受训者去爬另外一个陡峭的山坡。现在，你知道并且相信你的受训者有足够的爬山技能，你不需要和他们一起爬。你要做的只是坐好，休息，仔细地望着他们。你不时用喇叭提醒他们注意松动的岩石，或者不要走死路。其余的时间，你只是建议他们走比较容易的路，或者坐上"升降椅"以最简单的方式直达可能的解决方案。你只是需要鼓励他们。

对共同关注专家的干预

当你和合作专家一起工作时，你的主要任务就是站在一旁"鼓掌"，支持你的员工做更多有效的事情。你的作用就像共鸣板和监管员一样。除此之外，你可以根据自己的经验提供和增加一些专业知识。

对合作专家的干预很快，并且会成功。毕竟，这些员工已经学会了如何解决问题，或者，在更好的情况下，学会了如何学习。拥有这样的技能，员工总是能够在变换的商业生活中找到自己的路。和合作专家一起工作让人感到非常愉快，因为看到人们如何在职业生涯中进步是你作为经理可以得到的最令人高兴的回报之一。

对于合作专家的干预措施具备以下要素。

1. 支持员工做更多有效的事

支持和帮助员工做更多已经在做的有效的事情。对于流程图上的其他位置，我们的准则是："做更多其他的事情。"而对于合作专家关系，我们的准则是："做更多这样的事情。"

2. 发现员工的优势

发现员工的优势，帮助他们用以弥补缺点。如果我们从聚焦答案的角度做一个优势——劣势分析，我们会更关注优势，对于比较弱的部分，我们唯一的兴趣是找出把它们慢慢变成优势的方法。

3. 鼓励员工利用每个可用的资源

鼓励员工去利用每个你们一起能想到的可能的技术、小提示、窍门和工具。你们一起设计和发展干预措施，合作专家的关系让你们使用管理知识和经验中的每个技巧和做法。最有效的解决方案来自合作专家们。他们最了解工作的内容，你是事情发生改变方面的专家。大部分时间，你只是作为一个共鸣板，有时候你会提供额外的信息或者做事情的新方式。

4. 称赞员工做的有效的事情

站在一边，称赞他们在做的有效的事情。通过赞扬他们做得好的事情，你会提升他们继续前进的信心。

5. 帮助员工实现"自助"

简而言之，你作为聚焦答案型管理者，你要帮助员工实现"自助"。

比尔是一家银行的项目管理团队的负责人。他的员工和上司对他出色的工作评价很高。但是，在涉及教导他的员工团队的问题上，他觉得他的表现是低于平均水准的。他寻求了HR部门的帮助，丹尼斯受命来帮助比尔解决这个问题。她是一个辅导高潜能人士的专家。

丹尼斯给比尔打电话来约定他们第一次会议的时间，他问比尔想要获得哪方面的帮助。作为一个富有经验的管理教练，他在电话里立即就提出了一个目标设定问题。

比尔："在项目中教导我的项目经理时，特别是当事情变得困难重重的时候，我倾向于过度地参与其中，使自己迷失在细节里。在时间压力之下，我很难不让自己取代他们来做这份工作。在高压的环境下，我就是没有信心让他们自己做他们的工作，所以我会把这个事情拿过来自己做。这样我浪费了很多的时间和精力。此外，我意识到，我并没有给我的员工机会来证明他们可以做好这些事情。我知道他们能够做好。有几次我不在的时候，他们都很好地完成了这些事情。我知道我的行为并没有很好的效果。我希望能够学到控制自己的方式，这样我就能避免下次再困在这样的问题之中。"

丹尼斯："很好，比尔，你有一个很清晰的目标，我能让你为我们的会议做一些准备吗？这样我们会进展得快一点儿。"

比尔："当然了，我觉得应该这样做。"

丹尼斯："我希望你列举你现在在做的正确的事情，越多越好。每天花几分钟的时间大概写下你脑海中的东西。我们会很快见面的。"

比尔说，他很高兴这样做。在他们的第一次会议中，他们过了一遍这个清单，丹尼斯很清晰地看到，比尔有非常多的资源和工具可以利用。

丹尼斯赞扬了比尔，然后问他："你觉得如果我问你的员工这个问题，他们会在这个清单上写什么呢？"

比尔回答说："他们会写的东西应该和我列的差不多。"

丹尼斯："很好，比尔。那我们来看一看你作为经理有哪些比较弱的点。如果我问你的员工这个问题，他们会说什么呢？"

比尔："他们会说，当我觉得有一个项目的时间管理会失控的时候，我就会抓狂。有一些人会说当这种情况发生的时候，我应该避免把他们的工作夺过来自己做。我觉得他们很对，我有时候会非常紧张，然后开始把他们的工作拿过来做。"

了解了这些，丹尼斯决定问问有没有例外情况："比尔，你记不记得什么时候或者什么情况下，你能够控制你这种对项目进行干预的冲动呢？"

比尔："也有也没有。上一周我学到了一些东西。我们处在一个新的资源管理软件应用项目的最后阶段，这对银行来说是一个很复杂的项目，这个事情很惊险，因为在两点钟的时候我们需要让机器停止运转30分钟，所有的数据传输都应该停止，这样能够让新的软件投入运行，把旧的数据传输过来，然后我们的服务器要重启。哇哦，就像在做一个心脏移植手术一样。无论如何，在一点半左右的时候，我又开始焦虑了。我开始走来走去，焦虑得不停地打电话，要求他们每5秒钟就要告诉我当前的进展。突然之间，皮特，他是这个世界上最淡定的人，爆发了：'你这个控制狂！不要再这样做了。你又开始这样做了。离开这儿，然后让我们自己把这件事情做完。'好吧，我可以这样告诉你，这让我很震惊，就像打了我一巴掌一样。我很理解皮特的意思，所以我就离开了那里，让他们自己继续这个项目。所有的事情都很顺利。"

丹尼斯："哇哦，这是个很棒的故事！很有意思。所以比尔，如果有一点儿来自你朋友的帮助，（笑）你就可以做好。你从这个故事中学到了什么你未来可以应用的东西呢？"

比尔："我真的不能期待皮特每次都能冲我喊两句。（两人笑）你知道，下面这个想法听起来很疯狂，但是我可以把一根小的橡皮筋捆在我的手腕上，每次我想要遏制自己取代员工做他们的事情的时候，我就让这根橡皮筋捆住我的胳膊。这听起来很蠢，是不是？"

丹尼斯："一点儿都不，比尔，这当然要比打你的脸好很多了。（两人笑）如果我问那个奇迹问题你会怎么回答呢？"

比尔很熟悉奇迹问题这个技巧，他笑了笑，然后说："如果奇迹发生了，我就能够每天早晨对自己说，当然既没有橡皮筋也不用打脸（笑）：'比尔，今天你会注意不要再掉进那个小的陷阱里去。'在接下来的项目会议上，我能够遏制自己总是问问题的冲动。我会感到自信，能够静静地坐着，然后听我的团队讲话。我会只问他们是否需要我的帮助，就是这些。"

丹尼斯："棒极了，比尔。那就真的是一个奇迹了。但是奇迹只是偶尔发生的。（两个人都笑了）我希望让你做一件奇怪的事情。在接下来的几周里，我想让你在你每个工作日的前几个小时假装奇迹真的发生了。然后看一看你会做哪些不一样的事情，观察你的员工有什么不一样的反应。我很好奇这会给你带来怎样的影响。你愿不愿意这样尝试一下呢？你觉得我们什么时候开下一次会议呢？"

比尔："给我3周的时间吧。我有很多工作要做，而且我真的很希望试一下这个有趣的任务。"

在下一次会议上，比尔占据了主动："你记不记得你让我假装奇迹真的发生了？好吧，我并没有这样做，当然我也并没有用那个愚蠢的橡皮筋的办法。我只是不停地告诉自己，处于我位置上的人有时候会觉得非常不安，这再正常不过了，特别是当情况变得困难重重的时候。感到不安完全没有错，对不对？"

丹尼斯："一点儿都没有错，比尔。相反，这会让你更加专注。请继续。"

比尔："在过去几周里对我最有帮助的是，我成功地聆听我团队成员的话，而不是一直害怕事情变得糟糕。"

丹尼斯："你是怎样做到的呢？"

比尔："我设计了一个小的标尺，这个我过去常常用。它非常有效。"

丹尼斯："哦，你让我有点儿好奇了，比尔。给我讲讲吧。我觉得我会从中学到一些什么。"

比尔："在每一次项目会议的开始，我都会让团队在一个从0到10的标尺上选择他们现在的状态。0代表'我们完全没有希望，这个项目不可能按时完成'，10代表'我们坚信这个项目会按时完成'。如果在项目的起始阶段这个问题的回答是0，这就意味着团队成员相信他们正在朝着失败前进。我们最好是取消或者推迟这样的项目。幸运的是，还没有人给过我0这个数字。不管他们选了什么别的数字，比如说4，我都会接受这个数字，然后让他们给我解释他们现在在做什么让他们认为自己处于一个4的状态。通过这样逼迫自己只是聆听他们的话，而且引导他们来给我提供他们关于这个项目的信息。在这之后，我会问他们，要达到5的水平，他们需要做哪些不一样的事情。这帮助他们一小步一小步地前进，同时给他们信心让他们觉得项目的进展在掌控之中。我学到了谈论小步子的前进是很重要的，而不要讨论怎样迈出一大步。当然，一大步让人类登上了月球，但是小的步子让火箭能够发射。（笑）我们就这样继续。这很奇怪，你知道的，这个小的评量技巧帮助我对事情有一个整体的把握，同时不会逼迫他们给我提供很多细节。我觉得我的团队也喜欢这个方法，因为我注意到他们自己也在应用相似的评量技巧。"

丹尼斯："恭喜你，比尔。我相信如果你继续的话，你会慢慢地变得越来越自信。"

丹尼斯很高兴地看到比尔慢慢进入了一个合作专家的位置，另外，他的员工团队通过使用评量技巧也进入了这一行列。这提供了一个很好的机会，让比尔不再监控和限制他的干预，而是只鼓励成员做对的事情。

共同专家关系的备忘录：
①做更多有效的事情。
②开发利用你的资源。
③使用目标导向的方法。
④赞扬他人。
⑤不断学习如何自我帮助。

高效利用流程图：用最少的时间取得最大的成果

歌德说过：In der Beschränkung zeigt sich erst der Meister. 用解决答案的语言表达，就是"用更少的努力取得更大的成果"。流程图像指南针一样告诉你抵达解决方案最短的路径。当你问这4个问题时，基于你的回答，你会知道你的工作关系属于哪一种。每一种类型都指向了特定的干预方式。于是，这个"指南针"会帮助你用最少的干预为员工和公司获取最大的利益。

经验法则

经验法则用以准确地决定你和员工的工作关系属于哪一类。一旦确定之后，你把自己限定在这一类关系的干预措施里。如果你认为的关系类型比实际的要靠前，那你可能会遇到"抗拒"，你的干预措施不会有效。比如，在路人的关系中，尝试他们接受你好意的主动帮助是无效的。这些员工不会合作，原因很简单，他们没有提出求助。在经典的问题聚焦模式中，他们的行为被贴上了"抗拒"的标签。从聚焦答案的立场看，这样是不对的。通过这种所谓的"抗拒"方式，员工是在用各种方式告诉你，你现在的行为并不是很有帮助。读懂这些信号，做出相应的反应是你的任务。

谨慎法则

流程图这个指南针也是一个帮助你发现哪里走错了的工具。如果你觉得你的干预并不对，你可以用它找出哪里出了错。很快你会发现，你在使用不适合现在关系类型的干预方式。针对此我们提出了"谨慎法则"，使你在做出正确的干预的可能性最大化，或者至少，你不会犯很多错误。

如果你不确定你和员工目前处于怎样的关系类型，那么就从你认为正确的类型后退一步，并使用相应的干预方式是比较恰当的做法。

比如，如果你觉得你和员工的关系类型是"购买者"关系，但是并不是很确定，那就从"寻求者"关系的干预方式开始，引导员工告诉你，你们现在处于流程图上的什么位置。员工的反应可以帮助你弄清楚下一步该怎么做。

带人小贴士：

后退一小步，帮助你向前迈出一大步。

流程图上的不同位置

显而易见，管理者是在一个三角关系和相关授权中行使着职责。在这个角色上，你和员工一起工作，你又作为更高层的员工向你的上级汇报工作。当你是总经理的时候，你汇报给董事会成员；如果你是董事长，你汇报给股东；当你是一个公司内部或者外部的管理教练或者咨询师时，你在培训或者为某人提供咨询时，授权常常来自其他人。在这些三角关系中，很可能在干预的一开始，各方并不在流程图上的同一个位置。

你怎样把握流程图上位于不同位置的关系？特别是，当各方位置不同时你要怎样处理呢？

这里我们区分了委托人"客户"和直接"客户"。委托人客户是那些有最终权力，并且给你任务的人。你的直接客户是你要干预的人。比如，如果你是一位中层经理，你的委托人客户是你的上司，甚至可能是上司的上司，而你的直接客户是你要打交道的员工。

如果你的直接客户和委托人客户在流程图上的位置不同，这意味着他们向你发出了不同的干预授权。如果委托人客户没有给你授权，也就是他没有提出需要帮助：你不用做这个任务。如果你的委托人客户提出了需要帮助，他们就授权你去帮助他们。如果他们期望你改变其他人的行为，你就需要看这个"其他人"，也就是你的直接客户，是不是有（类似的）求助。如果没有，就是你的直接客户没有授权你去帮助他们。但是，正如你已经学到的，聚焦答案型管理者有很多可供使用的技巧。

就流程图上的不同位置和因此产生的不同授权而言，下面的方式会产生最好的效果：

①确定委托人客户在流程图上的位置。

②确定你的直接客户在流程图上的位置。

③对流程图上关系比较落后的一方进行干预，换句话说，针对关系最不利于问题改善的一方，以及给予你较少授权的一方采取干预措施。他们在干预的一开始需要最多的注意力。

④有耐心，尊重对方，有技巧，并且坚持。

⑤两方最后会在流程图上抵达同样的位置，这能让你使用更有效的干预方式。

如果你忽略了这个基本的方法，你可能会遇到对改变的抗拒——委托人客户变得没有耐心，并且（或者）直接客户越来越不愿意跟随你的脚步。

团队教练的不同之处

在你做一对一教练的时候，你面对的是单个员工，这时你们的关系在流程图上的位置是显而易见的。但是，当你面对一个团队时，很显然这涉及更多的人。当你在管理整个公司时，许多方面都要涉及，有一些人你或许都不认识，复杂性在增加。当你面对许多人时，我们无法期待他们会处于流程图上相同的水平。这意味着各个方面给了你不同的干预授权。鉴于这种情况经常发生，你需要特别注意。

当你面对一个团队，团队的不同成员处于流程图上的不同位置时，就像他们在标尺上有着不同的数字。下文是你如何用最简单的方式解决这种情况的提示（当然，这肯定不简单）：

①问自己每个团队成员在流程图上的位置。

②接受不同的答案，努力让大家到达相同的位置。

③从给予你授权少的人开始，以适当的方式进行干预（也就是流程图上比较靠上的位置）。

④然后对流程图上靠下位置的人进行干预。

⑤确认双方不会讨论（一方之内，或者两方之间）。

⑥看看是否能在不同的当事人之间找到共同点，即使是在另外一个话题上。

⑦问每个人一个评量问题，对每一方进行适当的干预："什么会是你前进的一小步？"

⑧收集所有这些信息，然后继续问："你们在今天到下一次会议之间

的一段时间内会做什么，帮助你朝着前面的目标取得一些进步？”

最重要的干预是：你接受团队的不同，并以此作为出发点。

出于战略方面的考虑，一家大型银行的董事会决定合并两个重要的
部门，即企业银行部和私人银行部。原因是两个部门面对的都是同样的客
户群，合并之后他们可以在这个重要的利基市场提供综合的服务以实现协
同作用。在这个有着广阔利润的市场，这家银行需要有更高的效率，而且
两个部门的合并会降低成本。这个战略计划的制订已经持续了几个月的时
间。现在预算的决定、营销以及人员的架构调整都已经准备好了。

董事长在一次和两个部门总监的会议上通知了他们接下来要发生的组
织架构改变。两位总监根据他们的经验知道，一旦董事会做出了决定，就
没有什么再商量的余地了，所以他们只是认真地倾听。但是这个合并计划
仍然让他们感到很震惊。他们告诉董事长，他们需要咨询各自部门里比较
重要的人员。

改变总是比较困难的，两个部门都不太愿意配合这次组织架构改变，
这也不是什么稀奇的事情。在征询了部门人员的意见之后，两位总监争
辩，他们有许多理由来证明这次合并并不是明智的。“两个部门的客户比
你们想象的要多样化，部门的子文化非常不同，你们所期待的协同作用被
高估了”等。总而言之，两位总监和他们的专业员工都相信两个部门分开
运作会更好。

约翰被任命为这次合并计划的执行协调人。约翰知道董事会和两个部
门在这个合并案上的意见相悖。约翰在接受担任两个部门合并案的协调员

任务的时候声明了，他接受任务的前提是他要有足够的时间，让这两个部门准备好接受这次组织架构的变化。他很清楚，两个部门的总监以及他们所管理的雇员处于路人的位置，他们并没有提出需要帮助；而董事会很明显有一个可行的求助，但是董事会并不是处于执行合并案的位置，而是处于购买者的位置。

对于相关的各方来说，很明显，董事会已经做出了一个坚定的决定：合并案会发生。所以这并不是一个问题，而是一个限制。人们总是很难接受改变，约翰知道，部门里有些员工只是害怕这个限制带来的影响。

约翰决定花时间来执行所有适用于路人的干预方式。约翰给每一个人足够的机会来描述他们认为公司犯的最大的错误是什么。比如，把两个部门合并。但是约翰这么做是在努力构建一个积极的工作关系。约翰让他们尽情地倾诉他们的担忧，也同时聆听其中的资源和例外情况。很快，他开始赞扬人们对部门历史的了解，他问他们是怎样处理过去这样大的公司变化的，然后赞扬他们能够成功地实现这些组织架构的调整。

过了一会儿，这种激烈的抗拒消退了一些，员工开始接受无论他们说什么或者做什么都不能让董事会改变决定这一事实。

同时，董事会不断地敦促约翰加快合并的进程，因为他们想让合并案很快开始执行。约翰向董事会解释了他对两个部门分别的干预措施，让董事会明白他们这种经典的"我坚持"的做法只会带来员工同样经典的反应——"我抗拒"。然后他还告诉了董事会他接下来要对两个部门的总监和团队所做的干预措施。董事会现在理解了他的这个过程，他们同意给约翰更多的时间。这样，董事会进入了合作专家的位置。

很快，两位总监告诉约翰他们现在愿意采取行动开始进行合并了。

"但是我们需要一些帮助，我们完全不知道怎样能够实现合并，不'淹死'在争吵和内部的政治争论中。"他们被约翰充满尊重的行为所引导，现在处于购买者的位置：他们提出需要帮助，但是并不知道如何利用自己的资源。这是一个信号，约翰可以引领一个项目团队确定合并案的所有细节。两位总监都同意共同担任这个项目团队的领导，并争取到自己员工的合作。他们请约翰在这个过程中对他们做出指导。

两个团队慢慢地开始合并，在这个过程中，几乎所有的员工都"移动"到了购买者的位置：他们很愿意使用各种各样的工具来让这个合并过程更加顺利。

当然这个合并过程也并不简单，有一些人因为无法接受改变而辞职了，还有一些人因为公开地破坏这次变革而被辞退。但是很明显，没有约翰这种聚焦答案的"外交手段"，董事会和两个部门之间两极化的歧见很可能会导致怠工行为，会花费公司更多的时间和金钱。

 结语

在Chapter 4，我们讨论了"指南针"——流程图，告诉你要做和不要做的事情。找出在流程图上正确的位置能指导你走向最有效的干预方式。

因为我们生活和工作的环境不断变化，我们在生活中遭遇的种种变化，以及我们和其他人关系变化的复杂性，你和他人的工作关系在流程图上的位置是一直变化的。即便是在一个对话中，流程图上的位置也可能基于讨论的话题的不同而变化。这很正常，把这种变化当作一种前提存在而接受，会让你变得警醒并富有创意。

　　路人、寻求者、购买者，需要我们帮助他们停止去做无用的事情，开始做有效的事情。合作专家需要我们鼓励他们做更多和以前一样的事情。

　　让自己一直保持聚焦答案的状态，就像实现佛学的顿悟一样难。一旦你达到了这个状态，你还是会走出这个状态——但这不是问题，相反，聚焦答案管理模式的核心要义是：我们不是已经抵达终点，而是行走在路上。

Chapter 5
实战解读：给你一个新团队，你能怎么管

这个故事直接来源于生活，阐释了前面章节中阐释过的所有对话的技巧，而且你在阅读的时候，很可能会发现你在公司中经历过同样的事情。

这是一个普通经理的故事——他既不是知名人士，也不在知名企业工作，更不是从什么著名的商学院毕业的"超人"。他就是和你我一样的普通人。随着故事的展开，你可能会为语言的力量感到惊讶和赞叹。在阅读的时候，你会想到如果是自己处理这样的问题会怎么做。随着事件渐渐发展，你会注意到故事中有很多差点儿就做错的事情。

为了让你一边学习一边享受读书的乐趣，我们建议你读这章的时候先读楷体的部分，这次飞快的浏览会让你了解对话是怎样进行的。然后你再读一遍，这次请你既要阅读对话的部分，也要读其他的部分。如果你再深度阅读，可以花时间翻阅与本章故事相互引用和参照的段落。

好了，开始吧!

案例发生的背景

51岁的皮特是一位石化工程师。他之前在几家其他公司的工作经历非常成功，现在他在聚焦答案有限公司工作已经有15个年头了。他现在是公司的运营副总裁，对许多项目都有着最终的决定权。皮特领导的团队大约有50名员工，他管理的项目有非常强的技术性，常常需要来自外部承包商的协助。作为一位注重结果的管理者，同其他管理者一样，皮特一直看重两点：准时完成项目，不要超出预算。虽然他喜欢和人们一起工作，但是他对于组织架构和项目中那些人际关系方面的东西并没有兴趣。作为一位工程师，他认为人际互动中那些事情都是无法避免的罪恶的东西，实际上，他称之为"有太多的政治垃圾和装点门面的东西"。但是他也很喜欢他的团队和部门的那种共同合作的气氛。

高层管理人员对皮特的期待要比他对自己的期待稍微高一些，毕竟，管理者的工作难道不是完成超出自己能力的一些事情吗？皮特也因此要求他的员工和外部的承包商付出同样的努力来实现这样稍微好一些的结果。通常情况下，他的项目预算都非常精准，时间控制也稍微紧一些。外部承包商和大多数承包商一样，都是为多家公司工作的，总是试着让合同的条件变得更宽松一些。这些都是商业生活中通常的做法。

皮特的团队对这种常常出现在高压环境中的内部权力斗争并不免疫。到现在为止，皮特一直能够掌控这些权力斗争。作为一位职场老手，皮特知道聚焦答案公司内部的这些游戏的规则，他也利用这些规则上升到了现在的位置。

对于皮特来说，他的家是一个没有压力的地方。正如他期待的那样，他的婚姻非常美满，有两个十几岁的儿子，一栋漂亮的房子，房子位于距离工厂不远的居民区内。他的生活很健康，他常去慢跑，每周四的晚上，和朋友一起玩桥牌。除了大家在高级管理层的位置都会遇到的那些压力之外，皮特一直享受着相对比较平静的生活，直到有一天……

冲突产生的原因

去年，聚焦答案有限公司和另外一家公司进行了合并，许多皮特的直属部下离开了公司，有些是自愿离开的，有些不是。皮特的团队有了很大的变化——他团队的很大一部分人员是新来的。原来公司的文化是不断地相互咨询、团队合作、员工忠诚，充满为公司服务的精神。但是随着这个公司合并案的发生，事情发生了变化。人们不再对工作有确定感，团队合作的感觉也不复存在了。

皮特对自己和自己的专业知识很有信心。他从来没有担心过自己会在合并案中拿着解雇费离开公司。在两个公司的合并中，皮特尽了最大的努力为新公司服务，他非常努力地促进两个公司不同"风格"的融合。

在合并案的一开始，皮特就不得不接受这样一个事实：对方公司的某一个人将会来负责他所在的运营部。这个人是约翰，一位37岁的工程师，他成为了合并后新公司的运营部副总裁——这个事实并没有让皮特感到很难过。

刚开始，皮特和约翰的关系不错，但是事情很快发生了变化。约翰的风格是新公司的风格，他的态度比较专横，与同事们并不太合得来。他与人的接触都是非常严格的那种工作关系，他要求人们尽可能任何事都提供书面报告。让皮特最恼火的是，约翰并不介意为了他自己方便就绕过一些同事去做事。约翰的风格是直接说出自己的观点，不管别人怎么想。

很快这个部门之中形成了两个派系，第一派是那些遵循约翰做事方法的员工。他们有着类似的专横的态度，用自己的方式大力推动事情的进展；他们并不把团队精神放在最优先的位置。当他们成功的时候，约翰会赞扬他们，然后这些人的成功也对约翰有利。另外一派是那些旧公司留下来的员工，他们固守着那种"旧的风格"，即相互咨询、相互合作。

皮特觉得很难接受这样一个事实，就是事情并不像"过去的好日子"里那样顺利。他尝试了几次去找约翰谈话，但是没有效果。约翰就直接对他说，那些"过去的好日子"可能真的很好，但那是属于过去的："如果你不能适应，皮特，你可能需要想一想是不是找一个别的工作。我们没有位置留给那些'老古董'。"

皮特经历了一次又一次的沮丧和失败。为他工作了许多年的秘书休了一个长期的病假，没有人来做秘书的工作。皮特被告知要去监管一个很小的项目，这要花费他几周的时间。皮特给约翰发了一个备忘录，告诉他说："我谦卑地想，我觉得我对于一个这样小的项目来说，似乎是有点素质太高了，对公司来说投入太高了。"约翰没有回复他。

在过去几年的时间里，皮特一直坚持组织部门成员每月开一次会议，这些会议过去一直都被称为"里程碑会议"。这些会议的目的就是给他员工的所有项目团队一个机会汇报自己所有的工作。所有的成功和失败大家都拿出来讨论，皮特和他团队里的其他人相信这些会议可以帮助大家对目前发生的事情有一个宏观的掌控。约翰开始担任运营部门的副总裁时，立即取消了这些会议。他告诉皮特："你的里程碑会议是过去的老法子了。它们占用了太多的时间，太昂贵了。我知道我们没有这个也能把事情做好。"他把里程碑会议取消了，取而代之的是一个名为"真正的以项目为中心"的方法。每个项目团队只需要内部沟通，然后向他们的项目经理提交书面汇报。皮特在邮件的抄送名单上，但是约翰声称自己才有最终决策权："我会提前告诉你，当我认为有必要的时候，我保留和项目经理直接对话的权利，即便这意味着要绕过你。"对于约翰取消这些里程碑会议的突然决定，皮特很明显不高兴。读者很容易就可以想象到部门里的气氛。约翰很努力地工作来把握项目的整体情况，他喜欢称自己为"网里的蜘蛛"。每个人，甚至包括皮特，都不得不承认，约翰能成功地让事情处于掌握之中。因此高级管理层对约翰的评价很高，这个事情也让他经常对同事，特别是对皮特吹嘘。

在两个公司合并6个月之后，高级管理层宣布了在战略上的一个重大变化。聚焦答案有限公司传统产品的很大一部分将停止生产，被新的产品取代，这就需要建一个新的工厂。这种战略的改变导致公司产生了很大的波动：对这家新工厂的大笔投资对于短期的财务情况来说是一个很大的负担。合并后的公司很担心雇员的情况，而且很多老员工害怕他们会和旧厂一起被"清除"掉。对于运营部门来说，这种战略的改变意味着有大量额外的工作产生。毕竟，这并不只是说要建一个新工厂并且运营——旧的工厂也要拆除。从安全和环境的角度看，旧工厂的拆解是一个重大的、有风险的项目。高级管理层请皮特来领导这个旧工厂拆解的项目，约翰负责整体的监管。

冲突爆发

当约翰把皮特叫进自己办公室的时候，他们爆发了第一次公开的冲突。约翰突然间宣布他对于皮特能执行好管理层刚刚交给他的任务没有信心。约翰明确地表达了自己的观点，他认为皮特对他的员工太宽容了，特别是对外部的承包商。当约翰傲慢地评价说："你必须得理解，皮特，在我职业生涯的这个节点，我不能够承受你在我的监控之下还把事情搞砸。"皮特感到非常震惊。

约翰之前从来没有如此猛烈地批评过皮特的工作方法。皮特带着愤怒回应说，是约翰把公司的氛围搞砸了，有一些项目的延期也是约翰的错，他受够了约翰让不同的项目组相互竞争的方式。他愤怒地把门砰地关上，然后直接去找杰夫——聚焦答案有限公司的CEO。杰夫安慰皮特说，他会和约翰谈一谈，但是后来杰夫没有这样做。

在接下来的一周，皮特尽他所能避免见到约翰。他感到非常愤怒，所以他开始和他手下高级的项目经理谈论他和约翰的冲突。约翰和皮特之间的紧张关系稳步升级。在旧工厂拆解项目的启动会议上，这个炸弹真的爆炸了：约翰在整个团队面前再次表达了他对于皮特掌管这个项目能力的质疑。皮特开始咒骂他。过了几分钟之后，他们开始相互大喊大叫。会议不得不解散。

这带来了很大的问题。约翰和皮特本来被安排共同负责这个生产线的拆解工作，但是现在看起来，如果皮特和约翰不能和解的话，这个项目会出现很严重的问题。关于两个管理者之间"不对脾气"的流言开始在员工中间传播。

这场争吵让皮特整宿睡不着。他白天工作的时候感到很疲惫，脾气也很急躁。这么多年来他第一次对他的妻子抱怨他的工作，皮特告诉她："现在我理解人们说的'高处不胜寒'的意思了，和任何人讨论任何事情都不再有安全感。我在想我是不是要去其他的什么地方找一份工作。"

当这个拆解项目的预算需要被呈送给高级管理层的时候，皮特拒绝支持约翰的预算案。在约翰阐释预算案的过程中，皮特突然评价说："这个预算案是垃圾。我不会用这样不专业的方式工作，我也不会为那些拆解生产线的人的安全承担任何责任。"约翰无法再控制自己了。在会议之中，他骂皮特是"一头没有能力的卑鄙的老猪"。

CEO并没有感到好笑。他中止了会议，把两个人叫到了自己的办公室。两人在CEO的办公室中吵了起来，杰夫觉得如果自己不控制脾气就会当场把两个人开除。他意识到，两个人之间存在着很严重的紧张关系。杰夫既不想开除约翰也不想开除皮特——他们都是令人尊重的管理者，过去的表现都很好。CEO告诉他们，聚焦答案有限公司不是两个人争一个球的游乐场，他不愿意再看见如此孩子气的争吵了。他们必须自己把这个事情解决好。

CEO告诉了董事们这个情况，董事们立即邀请约翰开了一次会。他们告诉约翰，他们认为皮特是聚焦答案有限公司里唯一能负责这个项目的经理。这个要拆解的工厂是皮特建立起来的："他知道这个地方的优点和缺点。出于安全的考虑，我们坚信皮特是唯一能执掌这个拆解项目的人。"约翰嘟囔了一点儿什么（他本来还想着给管理层最后通牒，"要么开除皮特，要么我自己走人"），但是他明智地选择了闭嘴，决定不管皮特了。他还给皮特发邮件解释了管理层的意见，祝福皮特——这其中不是没有讽刺的意味——"好运"。

在接下来的几周里，约翰和皮特都避免看到对方。但是很明显，皮特已经失去了他过去的热情。他一再对自己亲近的员工表达自己的怀疑，常常发火，在提交项目提案的时候也常常晚交。在家里他变得越来越暴躁，睡眠质量很差，体重也在下降。每周四的桥牌也不再打了，而是选择在公司加班。

有一天皮特站在咖啡机的旁边，这时候CEO走了进来。CEO非常注重和员工个人方面的沟通，所以CEO杰夫问皮特事情进展得如何。皮特感到脸红，开始出汗、结巴，然后走回自己办公室的时候都忘了拿咖啡。CEO跟着他走了过去，催促他说一下事情进行得如何。皮特倾诉了他内心的焦虑："我不能再坚持下去了。每一个人都在反对我。我完全不觉得新的项目会成功。我一直在卖力地工作，但是没有结果。也许我应该辞职。"CEO感到震惊，他并不习惯从皮特口中听到这样的话，这当然也不是讲究男子汉气概的聚焦答案有限公司里常常会出现的语言。

杰夫一边走回自己的办公室，一边想着现在的情况。他立即排除了做出什么大的人事变动的想法，没有人应该离职、升职，或者是降级。他仍然相信约翰和皮特在公司里是这些位置上正确的人选。但是，他应该怎么做呢？

想象你就是聚焦答案有限公司的CEO，你会怎样处理这个情况呢？写几个建议，想一个策略。

★你会干涉谁？

★ 你的第一步会是什么？

★ 你面对的是流程图上的什么位置？

解决问题的具体过程

CEO决定找销售部副总裁罗纳德求助。罗纳德以执着而灵活的处事技巧而闻名，因此享有"温柔的斗牛犬"的外号。罗纳德和皮特共事过很长时间——所以，让皮特接受罗纳德的帮助应该不是问题。杰夫请罗纳德帮助皮特和约翰，以实现以下目标。

★ 让皮特回到以往的工作状态中。

★ 让拆解项目正常进行。

★ 改进约翰和皮特之间的合作。

★ 确保运营团队保有其竞争优势。

假设你就是罗纳德，你会怎样处理这个情况呢？写几个建议，想一个策略。

罗纳德发出了这样一封邮件。

重要

严格保密

发件人：Ronald@solutionfocus.inc

收件人：Peter@solutionfocus.inc; John@solutionfocus.inc

抄送：Jeff@solutionfocus.inc

回复：拆解项目计划

皮特、约翰：

杰夫向我介绍了拆解项目所面临的极大的压力。杰夫表示，他相信如果你们合作的话，你们是完成这个困难的项目的专家。他请我帮忙，帮助你们走出目前不太良好的状态，他授权我试着帮助你们。如果这还是不成功的话，他会把这个问题提交董事会。

我希望你们两个人都同意与我合作。

我会首先和你们分别谈话，然后我提议，我来指导皮特执行拆解项目。

我期望你们在48小时之内回复我是否同意。

请注意严格保密，谨慎选择。希望我们在公司受损之前解决这个问题。

希望很快能收到你们的回复。

所有关于这个问题的邮件必须抄送相关各方（请不要使用"密送"）。我也会遵守。

谨致问候

销售副总裁Ronald

约翰是第一个回复的人。他回复罗纳德说，他觉得可以。约翰认为，邮件中说的"指导皮特完成项目"证明约翰自己是"对的"。他然后给皮特发了一封备忘录——带有了暗中讽刺的意味——祝皮特"有最好的运气"。

皮特在整整48个小时之后才回复，然后他给罗纳德的秘书打电话，约了和罗纳德开会的时间。

罗纳德给每一个相关的人都发了邮件，确认他们愿意试着改变这件事。他会先和皮特谈话。

第一次会议：接受员工的"抱怨"，初步引领其走向解决方法

罗纳德联系了皮特，约了时间。他们的第一次会议是在皮特的办公室里。可以看出，皮特为这次会议做了充分的准备。他决心把"真相"告诉罗纳德，告诉他公司工作的风格是怎样发生了变化，特别是关于约翰的部分。在会议的前10分钟，皮特都在讲这些事情。

通过让皮特倾诉，罗纳德感到皮特放松了一些，根据经验罗纳德知道，这时候和皮特辩驳只会产生反效果，所以他只选择了倾听：当人们觉得自己被挑战的时候，会更顽固地坚持自己的想法。在皮特倾诉的时候，罗纳德注意寻找皮特讲述的争吵里的例外情况。当他觉得皮特的倾诉慢慢缓下来之后，罗纳德抓住时机，提出了目标设定问题，帮助皮特转向更有建设性的方向。

罗纳德："好，皮特，你说得很清楚了。你觉得这次会议上我们讨论

什么，会让这次会议对你有用？"

皮特："我不知道，这是管理层要决定的事情，或者是乔治要决定的事情。我在做我的工作，这就应该足够了。如果他们不满意我的工作，就不应该付我工资。我不知道他们觉得我有什么错误。我过去难道没有证明我可以做好我的工作吗？我不理解他们为什么不相信我能够做好这个新项目。我希望成功地完成这个项目，但是他们在和我唱反调。无论如何，我不知道我应该做哪些不一样的事情。他们如果知道，就应该告诉我。"

皮特并没有回答问题。罗纳德接受了这一点，他也知道这个问题会使皮特朝着解决方案的方向前进。罗纳德对于研究问题背后的原因没有兴趣，也不会让自己陷于争论谁对谁错的战役中。对于皮特认为管理层在和他唱反调的说法，罗纳德没有说什么。罗纳德明白，在流程图上，皮特现在位于路人的位置。这意味着罗纳德现在的唯一任务就是和皮特建立积极的关系，让他能和皮特引出一个另外的目标。

罗纳德："好，你说得很清楚。我可以理解。我知道你很多年都在这个部门承担非常困难的项目。在过去的几个月里，为了让新员工尽快顺利地开始工作，你很努力。每个人都不得不承认，过去的几个月大家都不容易，特别是你。现在，你知道，我也知道，有一些事情没办法改变。所有聚焦答案有限公司的那些变化都属于限制的范畴。我们只能接受，然后学着用最好的方法面对。我注意到，你在用尽可能最好的方式面对这些变化。你是怎样做的呢？"

在赞扬皮特之后，罗纳德以微妙地方式教给皮特问题和限制之间的区别。然后他使用了"在问题之外，什么还有效？"这样的问题。通过问皮特他过去是如何解决问题的，罗纳德暗示说，皮特过去的解决问题是成功的。这个问题本身就暗含着赞扬。这种构建解决方案的问题给皮特有机会去思考自己问题之外的优势和资源。

皮特："这是个很奇怪的问题。我只是在做我的工作。还有别的什么吗？我从来不是那种会放弃的人。我一直坚守对员工的承诺，当我承担一个任务的时候，我会尽我所能。到现在为止，我还没有遇到我不能处理的问题。补充一句，我不是超人。我也有困难，但是我总是能处理。"

罗纳德："太棒了。这才是我认识的那个一往无前的人。我现在重复一下我的问题：这次会议上我们讨论什么，会让这次会议对你有所帮助？"

罗纳德在试着和皮特站在一起，以建立两人的合作关系。对于罗纳德真实、充满尊敬的方式，皮特给予了积极的回应。

皮特："如果我们能像过去那样以建设性的方式合作，每个人可以为公司做贡献，而不只是关注自己的事业，这样就好了。我希望能以我自己的方式管理旧生产线拆解的任务。我不是一个需要监督的孩子。我希望管理层能让我自己工作，不必什么小事都要汇报。过去我从来不用这样，那时候事情都很好。但是，我觉得他们不会接受的，约翰不相信我，管理层不支持我。在两家公司合并之后，一切都改变了，因为来了很多新员工。我真的想给他们适当的培训，但是我想他们只关心自己的事业。所以，我想听听你关于如何让我的团队回到合作状态的建议。"

罗纳德和皮特的关系现在发展到了搜索的关系：皮特寻求罗纳德的帮助。皮特希望被授权用自己的方式管理项目，同时，希望重建团队合作的氛围。虽然这些回答都是适当的，但是对目标的表达并不清晰可行。我们接下来很快会看到，罗纳德通过适当的问题，帮助皮特把它们进行转换。随着他们的工作关系进展到寻求模式，罗纳德决定后退一小步。

罗纳德："很好，皮特。这是个很好的开始。现在，我们是在周五早上，在你的办公室里，我们只花了半个小时的时间讨论如何解决你现在的问题，你就已经想出了非常有用的想法。"

罗纳德现在使用了"肯定组合"的方法和赞扬增加皮特以积极的态度面对问题的可能性。罗纳德选择遵循聚焦答案的箴言："如果你着急，还是一定要慢下来！"他决定使用一个评量问句。

罗纳德："皮特，在我们深入之前，我能问一个问题吗？如果我们在一个从0到10的标尺上，0代表上周的你觉得最好还是辞职的那个时刻，10代表你觉得事情并不完美，但是好在你可以继续工作，你现在处于怎样的位置？"
皮特："2的位置。"
罗纳德："很好。这个数字2意味着什么呢？过去的一周发生了什么，让你从0变到了2呢？"

皮特："你约我谈如何解决问题。虽然我还是不知道以现在这种混乱的状态，最后能有什么好的结果。"

罗纳德："很好，还有别的吗？"

皮特："嗯，也许还有约翰给我的邮件，告诉我管理层希望我领导拆解项目。哦，还有约翰给我发的备忘录，祝福我有'最好的'运气——特别是我之后没有见到他，也没有收到他的邮件。"

记住威廉·詹姆斯（William James）的名言："明智的艺术就是清醒地知道该忽略什么的艺术。"罗纳德没有回应皮特带些讽刺意味的评语。虽然皮特的回答没什么用，但是他没有反驳。他继续提问。

罗纳德："很好。接下来迈出的一小步可能是什么？"

皮特："我不知道。但是我知道你问了我很多问题。"

罗纳德："是的，你知道为什么吗？因为正确的问题会带来正确的解决方案。"

皮特："有意思。我从来没有这样想过，但是我承认你说的有道理。你还需要另外一点。"

罗纳德："是什么？"

皮特："你需要能听懂对方的回答。"

罗纳德用一个看起来随意的评价，教给皮特构建解决方案的问题。皮特积极反应，顺着他的思路走。这加强了两人的工作关系，在没有提及聚焦答案方法的时候就已经把这个方法引入进来。

罗纳德："你在前进，恭喜你皮特。所以，你说约翰不管你、管理层把拆解项目交给你的这两件事，以及我们现在用积极的方式努力，让你给出了2的评量。很好！我知道过去的几个月每个人都不容易——没有人完全接纳了公司合并，在人员变动方面还有问题。这并没有使我们的工作变得简单。但是，我还是要恭喜你，继续用你值得信赖、坚持不懈的方式工作。"

皮特有点被罗纳德持续的积极态度吓到了，但是他无法否认罗纳德的评价。你可能注意到了，罗纳德把问题放在一个大的背景中：合并还没有完全结束，有很多人事变动，公司氛围已经发生了变化，约翰的管理风格，整个公司的不确定感，以及巨大的拆解项目中缺乏清晰的责任或者权力界定。罗纳德并没有把这些元素看作问题的解释，而是看作可以在后期干预中使用的工具，找到解决方案。罗纳德并没有分析问题的根源。而且，皮特承认他在过去有了20%的进展！

罗纳德："好，要决定什么是下面要做的事可能有点儿太早了。所以，如果你同意的话，我希望给你一个任务，你下周可以想一想。你知道，即便是在混乱的情况中，也有一些事情是顺利进行的。请想一下对公司、你、你的同事来说，有哪些事情是很重要的，是你希望保持的。你觉得还在顺利进行的事情，无论大小，我都很感兴趣。我希望你写下这些事情。我们下一次会议上会讨论它们。"

这个继续问题把皮特的注意力集中到问题之外仍然有效的事情上。这很可能可以让皮特走出只看到问题的僵局。通过提示皮特说即便是很小的细节可能也很重要，罗纳德很清楚地告诉皮特，不需要皮特做出什么重大的变化。

这个任务是很安稳的：即便皮特没有这样做，他也会花时间想一下这个问题。

在第一次会议上，你可能注意到了，罗纳德没有着重分析问题的原因，或者试着解释聚焦答案模式。相反，这"只是一次对话"。

罗纳德没有告诉皮特做什么。相反，问题的使用引导他用不同的方式思考这个问题。构建解决方案的问题的顺序是罗纳德精心设计的。皮特的回答是其他的可能性产生的基础。这种优雅、不受阻碍的方式一步步引导皮特朝着聚焦答案模式走去。罗纳德在后面引导着皮特。

第二次会议：引领员工找到问题解决方法

和皮特的第二次会议氛围非常不同。皮特更加积极、更放松了一些，在会议开始之前，他提到在拆解项目的计划中他已经取得了一些进展。当你使用聚焦答案方法的时候，这些积极的改变的出现并不稀奇。一旦人们能够把注意力从问题上转移开来，积极的信号（似乎）会自动出现。

罗纳德："好，皮特，根据你刚刚在走廊里告诉我的，看起来你已经取得了一些进展。这很棒。作为开始，让我问你一个问题：'你做得好的是哪些事情，而什么事情令你感到困难？'"

在聚焦答案教练的第二次会议上，以这个问题开始非常有效。这个问题是特殊设计的。在问题的第一部分，你询问客户他实际做的哪些事情很好，这暗示着那些进行得还不错的事情是源于客户的行为。

问题的第二部分的表述让客户觉得他刚刚经历过困难的事情，但是不必为此负责。

这个两面性的问题可以让客户选择先回答哪一部分。这告诉客户，我们允许他既讨论问题积极的一面，也讨论消极的方面。用聚焦答案的方法做事并不意味着我们害怕问题！不管客户选择了哪一部分，我们都不要表示反对，要在此基础上继续发展。当客户选择回答问题的第二部分时，你让对方讲，然后通过提出构建解决方案的问题，看你能否找到答案中的例外情况或资源。然后你进展到问题的第一部分，这当然会更能引发你们的兴趣。

如果客户选择先讨论好的一面，你要鼓励客户，延伸他告诉你的积极的事情。深挖你得到的回答中的细节是很有用的。很多情况下客户喜欢讨论第二部分，然后你就按上面的方法去做。有时候，这个问题只是引导客户沿着聚焦答案的方向前进，你可以迅速采取下一步骤，和这个案例的情况一样。

皮特："哪些事情我做得好？我不知道，但是我知道和约翰的问题还在继续。他总是避免见我，同时我觉得在我不在的时候他利用每一个机会和我的员工谈话。其他的时间，我告诉过你，我决定了不要再过多地为约翰的事情担心。我让自己专注在生产线拆解的项目上，现在我回到了这样一个巨大的项目上，我感觉好了很多。我受够了为那些很小的不重要的项目工作。"

罗纳德："很好。项目进行得怎么样？"

皮特："噢，我当然希望能够继续在这家公司工作。项目部门的工作以前都进行得很顺利，我们也在过去证明了我们可以做得很成功。聚焦答案有限公司可能不再是以前的这家公司了，但是生活中很多事情也都在变化，工作也是。"

罗纳德为他的回答感到高兴，这表明皮特看到了事情的例外情况。他接受了没有解决方案的限制的存在。皮特也表达了对公司的投入和忠诚。当然罗纳德也没有跳起来欢呼——这个回答并不是最终的解决方案。但是这个回答是皮特朝着解决方案前进的开始。

罗纳德："非常好。在同样的从0到10的标尺上，0代表'这不会有效果的'，而10代表'我相信结果会是好的'，你位于什么样的位置？"

注意，虽然罗纳德使用了"同样"这个词，但是这个标尺和第一次使用的标尺实际上是不同的！现在的标尺更多的是关于积极的事情是可能发生的，而不是衡量现在事情进展如何。

皮特："我觉得我是在4的位置。我在拆解项目的准备阶段已经取得了很大的进展。约翰昨天给我打来电话询问事情进展得如何，奇怪的是他只是听我讲而没有批评我！顺便说一句，上周一晚上因为是团队某个同事的生日，所以我们大家一起出去聚餐。这样的事情已经很长时间没有发生了，那天大家都很愉快，即便是那些新来的人也很合得来，大家都很开心。我们应该经常做这样的事情。"

罗纳德："很好，还有别的吗？"

皮特："没有了，很多时候我会感到疑惑，觉得事情不会成功的。我害怕这种改善只是暂时的。"

罗纳德没有问数字4的意思，而仅仅是让皮特解释发生的变化。罗纳德用"还有什么吗？"这个问题引导对方给出更多的细节。皮特没有给出什么重要的细节，所以罗纳德没有继续追问。在皮特表示怀疑的时候，罗纳德并没有像很多人那样给出什么鼓励的话。现在是时候走向下一步了。我们看一下流程图，你会看到，皮特仍然处于寻求的位置：他的求助太模糊，不可行。我们在前文读过，奇迹问题是帮助对方用更具体的方式重新定义、描述自己目标的一个很有效的工具。你可以用最有效的方式提出奇迹问题。

罗纳德："很好。我可以问你一个奇怪的问题吗？我们现在坐在你的办公室里谈话，然后我们会继续各自的工作，今天晚上你会回到家里，然后随意做一些什么，度过一个平静的晚上，之后你会去睡觉。在你睡觉的时候假设一个奇迹发生了，你并不知道这个奇迹已经发生了，因为你在睡觉。在这个奇迹中你所有的问题都得到了充分地解决，这样它们不会再让你感到困扰。明天早上你起床了，你会怎样意识到奇迹已经发生了呢？你会做哪些不一样的事情呢？"

皮特："好吧，这是一个奇怪的问题，我不相信奇迹。"

罗纳德："我也不相信，但是让我们假装这个奇迹是存在的，什么会不一样呢？"

在问奇迹问题的时候，你可能需要一点儿坚持的精神！

皮特："好吧，我会感到很轻松，然后充满干劲地起床。在剃须的时候我不会再过分关心我的工作，相反，我更多地会想一想在接下来的周末里我会如何和我的两个儿子一起度过。在早餐的时候我也不会再听收音机里的新闻，而是放一些古典音乐。我不会再读什么报纸，而是和我的妻子聊一聊桥牌。哦，说到奇迹，我不会再开车上班，而是骑自行车过去！"

罗纳德："棒极了，请继续。在工作中你会做哪些不一样的事情呢？"

皮特："我不会立即把自己锁在办公室里，我会到处走一走，和我的员工聊一聊。我会听听最近发生了什么新鲜事儿。哦，我刚意识到，如果一个奇迹真的发生了，我会让我的秘书在我看邮件之前帮我归类，我不会直接一头扎进第一封邮件里，而是规划一下一天的安排，给自己一点儿时间理清事情。然后我会一边喝咖啡，一边整理和回复我的邮件。"

罗纳德："很好，还有别的吗？"

皮特："也许我会去约翰的办公室和他说早安——哦，相信我，罗纳德，这就真的是奇迹了。"

罗纳德："哦，这是个很棒的主意啊。还有别的吗？"

使用支持性的词，比如"很好""很棒"，罗纳德肯定了皮特说出的有用的想法，同时也没有逼迫他真的执行这些事情。他允许皮特继续在"奇迹真的发生了"的状态下继续聊，这种聊天的方式避免了抵触的情绪——这些事情并不是一定要发生，只是可能。当然，很明显有一些奇迹问题的回答可以成为真实情况中的选择。罗纳德只需要认可这些可能性的存在。他特别强调了去和约翰问好是一个不错的主意。

皮特："还有，我会做我每天在做的事情：工作。"

罗纳德："你工作中会不会有什么事情也发生了变化呢？现在奇迹已经发生了，你会用稍微不一样的方式去工作吗？"

注意罗纳德现在从"可能会"这个词变化到了"会"。

皮特："我不知道。也许我会用更轻松一些的方式度过我的一天，而不是着急地从一个事情忙到另一个事情。我也不知道。或许我会的。我不会每天跑来跑去，而是花时间去倾听，然后和我的员工聊一聊。"

皮特正在给自己列出更有效的行为！皮特并没有意识到，但是他是在帮助自己慢慢朝着解决方案的方向前进。

按照奇迹问题的模式，现在是时候把其他人囊括到奇迹问题中来了。

罗纳德："你的同事会怎样意识到奇迹已经发生了呢？他们会看到你做哪些不一样的事情呢？"

皮特："我并不确定他们最近觉得我怎么样，但是肯定是不一样的。在合并案发生后的几个月里，我抱怨的次数比之前这么多年的总和还要多，他们可能会看到我变得更放松了一些。"

罗纳德："他们还会注意到什么别的吗？"

皮特："我的秘书可能会感到高兴，因为我让她帮我预先整理归类邮件。她过去多次建议我这样做。我的员工可能会因为我花时间和他们在一起感到满意。在我们的第一次会议之后，我能够更多地关注我们的生产线拆解项目。我的一些员工是这个问题上的专家，我开始让他们和我一起做这个项目的规划工作。让我想一想还有没有其他的什么他们可能注意到的变化方式。哦，当然，我怎么能忘呢？当他们上周一晚上请我去聚餐的时候，我立即表示会去。实际上这些事情都已经在朝着积极的方向前进了。"

罗纳德："当奇迹已经发生的时候，他们会做哪些不一样的事情呢？"

皮特："最重要的变化是那些来自原来的聚焦答案有限公司的员工会对新人表示更多的欢迎，然后和他们更坦诚开放地对话。同时，新来的人会表现得不那么自高自大，他们会问一些需要的信息，同时结合自己的经验来工作。或者是用我们人力资源部经理的话来说，促进了大家的沟通。（笑）如果奇迹发生了，我的部门会重新走上轨道。"

罗纳德："很好，皮特，很有意思的奇迹！其中有没有什么事情是你在接下来的24个小时可以尝试去做的呢？"

现在皮特真得感到奇怪了。他从来没有想过，他自己可以实现奇迹！罗纳德没有逼迫皮特，就把这个想法植入了皮特的大脑。经验告诉罗纳德，让对方占据主动的角色要比逼迫有效得多。通过简单地问这个问题，罗纳德在向皮特建议，他可以尝试自己提出的一些建设性的事情。这有着催眠建议的效果。它的神奇之处在于，它是有失效保护机制的——如果皮特尝试了，这很好，即使皮特没有尝试，也同样很好。事情不会变得糟糕，因为是皮特选择去做自己觉得有用的事情。

罗纳德："我们可以不可以向前迈一小步，皮特？"
皮特："好的，谢谢。"

"向前迈一小步"暗示他们已经采取了一些行动。罗纳德引导的谈话，让皮特觉得自己是确定谈话节奏的人。这种"从后面引导"的方式是一种优雅而强大的领导力，能够促进双方的合作。

罗纳德："在我们的第一次会议上，你告诉我你希望看到大家用原来的方式合作，你希望看到人们变得不那么自私，不那么只关注自己的事业。相反，你希望重建团队精神，让大家喜欢工作，像以前一样。这一定会让你的团队更高效。顺便说一句，皮特，你知道T.E.A.M是什么的缩写吧？"

皮特："我猜不出来。"

罗纳德："T.E.A.M代表在一起每个人实现更多（Together everybody achieves more.）。"

皮特："对！我可以以后用这个吗？这是个很好的口号，我想以后用它。"

罗纳德："当然，皮特。在聚焦答案有限公司的时候，如果你觉得有用，请随便使用它。"

罗纳德并没有对皮特长篇大论，告诉他作为领导者应该做什么，不应该做什么。相反，他使用这个令皮特感到惊奇的词作为工具。这种精练用词帮助罗纳德免去了传递这个信息所需的冗长的解释，节省了精力。这个简单的方式效果更好。正确的情况下正确的词会产生奇迹！

罗纳德继续说："所以，当奇迹发生的时候，你的项目团队会更关注公司的利益，而不是只关注自身的职业发展。要实现这种转变，你作为团队的领导者要做哪些不一样的事情呢？你会怎样实现这一点呢？毕竟，有人要以身作则。"

皮特："是的，我意识到，如果我不能改变别人，我可以改变自己。"

罗纳德："正是如此。"

皮特："但是，我该怎么做呢？约翰并不相信我能做好这个新的项目，顺便说一句，他还取消了'里程碑会议'，这个会议对于我们获得对所有正在进行的项目的宏观理解是非常重要的。我不知道如果没有这些会议，我该怎样让新员工和大家处于一个波长上，更不要提重新建立团队文化了。"

我们可以看到，在流程图上皮特移动到了购买者的位置，现在他的求助是可行的，但是他不知道如何应用自己的资源。过去皮特成功地建立了有效的团队，这表明他有解决问题的资源，但是他不知道怎样使用这些资源。皮特不知道该怎么做，所以现在罗纳德的工作是帮助皮特使用他自己的资源。因此罗纳德需要提出更多的聚焦答案问题。

罗纳德："不要担心，皮特，你会找到办法的。也许有一些你现在并没有意识到的办法。让我们稍稍后退一步，过去你是怎样做好这一点的呢？过去当你开始类似项目的时候，你用了怎样的方法呢？"

罗纳德帮助皮特聚焦过去发生的事情，也就是说，他帮助皮特发现过去的资源。这些过去的资源经过调整，可能成为未来有效的解决方案。

皮特："正如我说过的，过去我们所有的项目团队都会一起召开大的会议，这些'里程碑会议'让大家能够对发生的事情有一个整体的了解。但是约翰反对这种会议，他觉得这是没有必要的，而且也太昂贵了。他坚持要进行一对一的沟通，但是我不认为这是最有效的方法。"

　　罗纳德："除了里程碑会议，你过去用过其他什么有效的方法吗？"

　　罗纳德并没有跟随皮特走上聚焦问题的思路。罗纳德相信，皮特最终会找到解决方案的，所以他继续提出了构建解决方案的问题。

　　皮特："我们部门过去有很多非正式的沟通，我们会在走廊、咖啡机旁边以及其他的地方讨论项目的进展。我们还会在下午下班之后一起出去玩。此外，我常常把大的项目切割成小块。"

　　罗纳德："我不太理解——什么意思呢？"

　　皮特："也就是说，我给部门的所有正在进行的项目设计了一个宏观的项目规划。虽然现实中这种宏观规划从来不会按照设计的样子执行，但是它给每个人提供了整体的规划指导。过去我会把每个大的项目切割成小的、近乎相互独立的小项目，让不同的团队做不同的小项目。有时候，这看起来很混乱，但是我们学会了不使用那么严格的项目规划，允许不可预测性的存在不容易做到，但是我相信你作为一名工程师是可以理解这一点的。随着小项目慢慢走上正轨，这个大项目的组成模块拼合到一起。这听起来似乎有些复杂，我知道，但是过去这种方法是有效的。"

　　罗纳德："很好，那是什么原因让你现在不这么做了呢？"

　　皮特："我不知道，那些新来的员工并不是很了解聚焦答案有限公司，所以实行起来可能有点困难。而且约翰不会允许的——他希望搞清楚每件事情，让每件事情都处于他的掌控之下。"

皮特刚刚描述了几个他过去成功使用过的资源和工具，但是他不知道现在该如何使用它们。现在我们清晰地看到皮特位于购买者的位置，皮特需要有人来帮助他，重新使用他自己的资源。他需要建议。我们知道，以问题的方式提出的建议会比直接告诉别人怎么做更有效，于是罗纳德接着问建议性的问题。

罗纳德："好，但是这不一定是问题。你能举行小的、非正式的会议吗？就像你们庆祝员工的生日，更多地出现在咖啡机那边和大家聊一聊，做这样一些你以前做过的事情？在这些场合中，你可以谈一些关于拆分这个项目的事情。我肯定有很多员工，包括那些新员工愿意参加到这样的谈话中。而且，你可以不告诉别人，自己设计一个拆解整体项目的规划，把项目拆分成小的部分。你以前这样做过，你知道怎么做，而且这很成功！你这几天就可以这样做，对不对啊？你做好了之后，你可以在喝咖啡或者午餐的时候随意地提起你的整体规划的拆分，看看团队成员的反应，你觉得这怎么样？皮特，这可行吗？"

表面上看起来，这像是罗纳德在问皮特问题，皮特可以随意回答。但是，实际上罗纳德在建议皮特应该怎么做。皮特抗拒这些建议的可能性很低，原因很简单，这是皮特自己提出的想法。这是通过提出聚焦答案问题，共同创建解决方案的一个很好的例子。

皮特："我很喜欢这个主意，但是在约翰那里行不通，我很肯定，约翰会干预进来，他会阻止我。然后我只能退回第一垒，我真的不希望发生这样的事情。"

罗纳德："你说得很对。但是，我觉得事情不一定如此。你告诉过我，约翰掌控所有事情的能力让每个人，包括你在内，都印象深刻。所以，我认为按照逻辑，约翰也希望控制这个项目，不管你喜不喜欢他这样做。所以，你可以找到一种方法，让约翰做他想做的事情，不让你感到困扰。"

在谈到和他的同事一起完成这个项目的时候，皮特处于购买者的位置，但是在谈到和约翰的关系时，罗纳德发现皮特位于路人的位置。皮特相信约翰是那个需要改变的人，他并不觉得自己要改变什么。这时罗纳德使用了一种适合路人的干预方式。他向皮特提出另外一个目标：使约翰不再让自己感到困扰，皮特要做哪些不一样的事情？

而且（这是一种"高端的"聚焦答案干预方式），罗纳德也意识到约翰是一个路人，约翰不会主动改变，会继续使用这种控制度强的管理方法。罗纳德开始教皮特如何和路人有效地相处，他给出一个看起来符合逻辑的解释，解释为什么约翰不会有什么改变（控制欲强、对别人没有什么信心），罗纳德帮助皮特接受了约翰的工作方式，同时他给皮特提供了另外一种思路，帮助皮特接受约翰控制欲强的管理方式。这当然并不简单，但是让我们看看他是怎样做到的。

皮特："好吧，我很好奇，你该怎样让他不再来烦我呢？"

罗纳德："这并不是说'让他不再烦你'，而且不是我要做什么事情——是你要做。想象你处于约翰的位置，你要知道，他是上司，对于你们项目部门负有最终的责任。他的任务是确保整个项目部运转得非常好，或者至少，情况尽可能地好。约翰知道——如果你是在约翰的位置，你也会意识到——他很擅长做项目工作，但是他感到担心，因为这些项目中的具体工作不是他来做，他不得不让其他人来承担项目中很大一部分工作。想象你自己在约翰的位置，皮特，你要做哪些事情才会觉得各项事情都进展顺利呢？"

皮特："我以前没有这么想过。我以前总是觉得他就像一个控制狂一样，只关心自己的升职，但是我猜约翰的位置非常微妙——毕竟他是新来到这家公司的，他比我年轻很多，缺少经验，这也许让他有一点儿不安。不安的人往往会行为过度。我知道这一点，因为我也曾经这样（笑）。"

罗纳德："对的，智慧总是伴随着经验增长的。你应该用怎样的方式让他感到安心，不再干扰你的工作呢？"

皮特："我也许会，嗯，给他更多的信息，让他知道项目进行得很顺利。"

罗纳德："我觉得这不太够。如果你的员工只给你带来好消息，你不会感到怀疑吗？你不会想员工在隐藏什么信息吗？"

皮特："很可能……我明白了，如果我向他咨询一些小问题，可能会有帮助。这听起来有点儿讽刺，但是这能满足他的控制需求。而且因为这样的事情在我预料之内，我就不会感到生气。对，就是这样。我会常常走进他的办公室，告诉他事情最新的进展，而且会告诉他项目中的一些问题，让约翰用他的专业知识帮我处理。现在，我还可以大胆地说，我的一些员工在对我使用这种技巧——这真的会让我感觉好一点儿。这也许会对约翰有用。这个方法值得一试。你觉得怎样呢，罗纳德？"

罗纳德："很好，皮特，这样去做吧。你意识到了对吧？你要和约翰去谈，而不是老躲着他。"

皮特："是的，如果我们想要继续在这家公司工作，我们必须共同工作，所以我们最好还是一起合作。嘿，你有没有发现我讲话的方式开始有点儿像你了。（咯咯笑）如果这方面的负担减轻了的话，我会找回力量，和团队共同投入到项目中。"

罗纳德："去做吧，皮特。祝你好运。你觉得我们下次见面安排在什么时候比较好？"

在这次干预中，皮特已经到达了合作专家的位置：皮特提出的求助是可行的，并且能够运用自己的资源，他自己想出了最后一个建议。这告诉罗纳德，皮特现在能够实现"自助"。从这里开始，罗纳德只需要监督皮特，确保他走在聚焦答案的路上。

罗纳德在干预的开始和约翰举行了一次会议。约翰清楚地告诉罗纳德，他对皮特的位置不感兴趣："因为我的工作中，我需要考虑太多的事情和人，我没有时间为这个人担心。毕竟，皮特的职位很高——他应该做出与这个职位相符的事情。为了把我的工作做好，我的同事要知道做什么，同时还能把事情做好。聚焦答案有限公司在经历的这些变化我也不能控制。作为一家公司，我们需要为未来做准备。如果皮特展示出他能把工作做好的能力，我不会再去烦他。但是，我想恐怕他在慢慢变老，没有与时俱进的应变能力。但是，我无法否认，皮特过去工作做得不错。"

在这次对话中，罗纳德除了称赞约翰为公司的辛勤工作之外没有很多其他的事情。在他和皮特的会议中间，罗纳德给约翰发了邮件，告诉他下次会议的内容，同时抄送给了皮特和杰夫。

第三次会议：鼓励员工更好地利用资源解决问题

第三次会议是在周五上午8点，在皮特的办公室。

皮特："进来吧，罗纳德。你怎么样？每件事情神奇般地在好转，你相信吗，我竟然都忘记了，早上出去走走、和员工谈谈是多么有效的方法。我甚至相信新人们也开始安定下来了。今天你有什么要讨论的吗？如果你没有的话，我有一些想和你讨论的事情。"

现在罗纳德既高兴又惊奇！皮特的语气完全变化了。皮特语气兴奋，掌握了会议的主动权。皮特开头的这几句话让罗纳德确认了，皮特仍然处于合作专家的位置。现在，罗纳德的工作很简单：鼓励皮特"做更多同样的事情"。

罗纳德："上午好，皮特。你让我感到吃惊。多大的不同啊！事情似乎进展得很顺利，恭喜你！所以，我现在可以问你同样的一个评量问题吗？0代表'我过去处于的混乱情况'，而10代表'完美并不存在，但是就我而言，我们离作为一个团队工作的情况越来越近了'，你现在已经处于怎样的位置？"

注意，这又是一个不同的评量问句。这个评量问句表述的方式表明了，0是处于过去的，而10在不远的未来可以实现。"已经"暗示在很短的时间内，皮特已经取得了很大的进展。这个表述方式是鼓舞性的，给予了皮特获取更大进展的希望。0是皮特一个人过去的状态，而10是与团队有关的。这就是语言的力量。

皮特："好吧，除了我一会儿想和你讨论的一些小的细节，我在7的位置。"

罗纳德："很好，这个7包括什么呢？"

皮特："我和员工有一些有意思的对话，两个新人让我感到吃惊。我和他们谈了我过去在项目中使用的'切割'方法，猜猜怎么着？两天之后他们两个人主动约我，然后给我展示了他们认为拆解项目第一阶段应该如何进展的详细时间表，非常详细：包括时间、人力、机器、安全措施。我赞扬了他们出色的工作。他们很开心，请我允许他们从存档文件中找出生产线过去的建设方案。"

罗纳德："哇，很棒！这个数字7中还包括别的吗？"

皮特："你知道吗？正如你建议的，我有一天去了约翰的办公室，看到他不在我都感到不开心。"

注意，这句话是错的：罗纳德从来没有建议皮特去约翰的办公室找他。是皮特自己想出了这个主意。奇怪的是，人们有时候会把自己的想法转变成别人的命令；同样奇怪的是，有时候人们把来自别人的建议转变成自己的想法。这都是很常见的，我们可以在现实生活中很容易发现这一点。

罗纳德："还有吗？"

皮特："好吧，我和妻子、朋友这么长时间以来第一次又开始玩桥牌。我觉得很好玩……我们赢了。我睡眠更好了。天知道为什么。但是，我想提醒你，罗纳德，这只是7，我还有很长的路要走。"

罗纳德："当然，皮特。你已经迈出了前几步。现在，请继续向前走。那你想和我讨论什么呢？"

皮特仍然处于合作专家的位置。他使用了很多资源，开始取得进展。虽然他提到很多有用、甚至是让他感到惊奇的事情，但是他仍然处于7的位置。罗纳德认可了这一点，并没有催促皮特朝着更高的数字前进。罗纳德开始使用更加商业化的语言。在干预的开始，当两人在流程图上的关系还比较初级的时候，比较适应用宽松的语言。当两人朝着合作专家的关系前进时，你可以使用更加商业化的语言：诙谐、一针见血、准确、更简短。

皮特："其实是两件事情，其中一件和工作的关系更大一些。先说第一件，我希望和你聊一聊这个项目的外部承包商的事情。约翰觉得我对待他们太温和、太不正式了，可是我不同意。我尽可能地以礼貌的方式和他们相处。你可以想象，这个项目非常复杂，预先付款80%是惯常的做法，其余的部分在接下来的阶段付款。经验告诉我，承包商会根据项目的复杂程度在这20%的部分玩把戏。但是，他们的做法也和我们对他们的态度有关。他们也是在工作，他们很精明。如果他们一开始就觉得我们太过分，他们会在项目后面的部分找回损失。然后这会变成一场法律上的战争，让我们损耗很多的金钱和时间。我希望和你讨论，在这个项目中我可以如何避免这种情况发生。第二件，罗纳德，我厌倦了和约翰的争吵。作为同事，我们要能以正常的方式相处，而不总是避免见到对方。我真的受够了。如果我们不改变什么，很快情况会变得更糟糕。我不想团队成员利用我们的不和浑水摸鱼。"

罗纳德："很好，你希望从哪件事情开始呢，承包商还是约翰？"

皮特："都行。"

罗纳德："好，那我们从承包商开始吧，因为约翰的那边要更简单一些。"

这是一句很微妙的话。很明显，罗纳德在重新表述皮特和约翰之间的情况，罗纳德不可能知道，两人之间关系的好转是不是真的那么简单。但是，这是罗纳德巧妙使用语言的一个范例——他使用了暗示的技巧。罗纳德把和承办商之间的合作这件皮特熟悉并且有很多经验的专业知识的事情定位为"困难"的事情。皮特和同事的关系——模糊，皮特不熟悉的——定位为简单一些的事情。通过这种语言的表述，罗纳德暗示，皮特有能力找到两件事情的解决方案。毕竟，如果皮特找到了"困难"的事情的解决方法（实际对皮特来说是简单一些的事情），他肯定能够找到"简单"的事情的解决方法。

皮特："罗纳德，你是个天生的乐观分子，对吧？说和约翰的关系这件事情简单。"

罗纳德："是的，但是我没说'简单'，我说的是'简单一些'，我是在比较。我没说那件事很容易解决，有时候，简单的事情很复杂，直到你找到解决方法，然后你就可以走出来了——我之前怎么没想过呢？这事你作为工程师应该比我清楚得多。"

罗纳德教皮特如何理解"简单"这个概念。他还借助这个机会，把皮特定义为这方面的专家。皮特这位工程师很可能会把这看作一种褒奖。

罗纳德："好，关于那些承包商。先说说你认为和他们有哪些问题吧。"

皮特描述了一系列可能出错的事情，包括合同中的漏洞、坏天气、分包商的不可靠、无法预料的环境问题和事故，等等。

罗纳德："好，你很了解这些事情。过去对于外部承包商来说，最有效的做法是什么？"

皮特："对于那些最不希望看到的灾难，你只能大体上做些准备，这是由我们的危机管理团队负责的，处理这些事情是他们的责任。我们的工作是确保工程进度正常、开支在预算之内。现在，和承包商的合作变得更严格了。过去，承包商的上司来工地的时候，我可以直接和他们达成交易。我记得几年前，在一个建设项目的一次危机中，我在项目的最后20%付款额上面争取到了一个极低的价格。没有书面的合同。我们只需要进行一次商谈，然后握手达成交易。我觉得这不再可能发生了。至少我自己是不再可能做这样的事情了。这就有了我和承包商关系的问题，我该怎样避免麻烦呢？"

皮特不清晰的回答说明他又回到了购买者的位置：他有一个可行的目标（和承包商很好地合作），但是找不到自己的资源（如何做好项目中的谈判）。在对话中，工作关系在流程图上的上下变动是很常见的。这只是表明在这个问题上，皮特需要一些额外的帮助。

罗纳德："好，皮特，时代已经变了，事情没那么简单了。所以，请再次告诉我，过去最有效的办法是什么，过去你们是怎样避免麻烦的呢？"

这里，一点坚持是必要的。罗纳德决定通过问同一个问题，测试皮特在流程图上的位置。如果皮特给出的答案是有用的，那么会把他的位置向下移动。如果皮特没有给出有用的答案，罗纳德要改变干预的方式。让我们看看接下来如何发展。

皮特："有时候，通过，呃，通过我们的好态度'贿赂'承包商的员工，这会有帮助。早上给他们咖啡，中午提供汤，工作日的晚上供给啤酒。我还通过夸奖他们的工作，'哄'他们更好地工作。有时候，这比冲他们喊和威胁他们更有用。很多时候，这些方法糅合使用是最有效的。当然，严格的合同也是不错的助力，最好是有大额的罚款的那种合同。"

皮特的回答现在告诉我们，他能找到他的资源。他又回到了购买者的位置。虽然皮特的话里有着轻微的讽刺意味（'贿赂''哄'），在他谈起赞扬承包商的时候，皮特表现出他理解好的工作关系的强大力量。罗纳德没有必要修改自己的干预措施。他可以继续问构建解决方案的问题。

罗纳德："好，在这个项目中，什么方法还会有帮助呢？"

这个短问题暗示了：第一，皮特刚才提到的对于未来的这个项目是有效的工具；第二，引导皮特继续做有效的事情。这种语言的浓缩再次表现了——少即是多。

皮特："更多地做这样的事情，我觉得。但是现在事情更复杂了，特别是拆解项目。承包商和我的员工将会紧密地一起工作，我对我的人有信心，但是考虑到项目之复杂，我必须找出最合适的承包商。但是，我怕自己太过分强调复杂性会让承包商再三考虑，他们可能会要价太高，我们就会超出预算。"

罗纳德："这看起来是个不错的开始。你怎样把做这个项目的承包商变成一个战略合作伙伴？我的意思是，我们可不可以这样设计双方的协议，就是如果聚焦答案有限公司面临不利的情况，承包商也会面临不利的条件，但是如果聚焦答案公司状态良好，那承包商也会有更多的好处？"

皮特自己没有意识到，但是他就在这个新想法的边缘。罗纳德是聚焦答案模式的专家，而在模式中各方的合作是关键的，因此罗纳德提出了"战略伙伴"的关系。这里他又一次展现了，用问题的形式提出的建议会有最好的效果。

皮特："是的，我们最好和承包商联手合作。或者，更好的是，和他们实现T.E.A.M.。（咯咯笑）这让我想起了一个我过去想到过、但是从来没用过的想法。我会告诉你，但是你听完要立即告诉我这种想法是不是愚蠢。无论如何，要实践这个想法需要很多公司内部的游说，因为聚焦答案公司以前从来没有这么做过。"

跳出对问题的聚焦，帮助你"跳出盒子想问题"。聚焦答案模式的智慧和技巧提供的思维中间，孕育出了丰富的创造力。建设性的工作关系让你能够想出以前从来不敢想的主意，特别是提出以前不敢提出来的想法。使用聚焦答案问题会减少这种自我的障碍。管理者常常会有"疯狂"的想法，他们不敢提出来，怕别人笑话，但是这些想法往往是很有价值的！

罗纳德："很好，皮特。现在你让我觉得特别好奇。给我讲讲吧。"

皮特："当然，我还要想想细节，但是整体上大概是这样的：在合同的谈判之前，我们规定承包商可以得到奖金或者被罚款，就像汽车保险一样。罚款很简单——如果他们超出预算，没有按期完成，或者不符合质量标准，我们可以对他们罚款。这是一种惯常的做法，没什么新鲜的——除了质量的部分，这些措施已经在聚焦答案公司执行了。但是，奖金的部分对我们来说是新的了。多付钱并不是这家公司常常做的事情。我们很难说服聚焦答案公司同意付给承包商奖金的想法，即便公司可以从中受益。方案大概就是，如果承包商符合了时间、预算、质量方面规定的目标，就可以拿到一笔奖金。我们之前要做的唯一的事情是，计算出如果我们真的幸运到要付奖金，我们公司可以从中受益多少。如果项目按时、在预算之内完成，我们受益多少？拆解项目完成得越快，新产品线建成和投产就越快，这时候钱就涌进我们公司的口袋了。"

罗纳德："很棒！皮特，你很了不起。你是怎样想出这个好主意的呢？"

皮特："谢谢！这并不是个新鲜的想法。一段时间之前，我在一本商业杂志上读到了关于这个的文章，然后我就开始想怎样把这个想法应用到聚焦答案公司。我当时还写了一些计划的草稿，希望我还能找到这个草稿。"

罗纳德："我必须恭喜你。找找草稿，把细节写出来。明确付出的奖金所带来的公司收益尤其好。用这种方式，你建立了我们公司和承包商的双赢关系。T.E.A.M.用在这里再合适不过了！如果你觉得让管理层接受你的这个想法有困难，我会第一个帮你！"

现在皮特坚定地站在合作专家的位置：他在使用自己的资源，自己解决问题。但是，还有更多！皮特想出的这个方法把承包商也置于合作专家的位置。这表明，他已经把聚焦答案方法内化了，而在这个过程中，两个人关于聚焦答案模式一个字也没有提。聚焦答案模式是关于解决方案的，而不是理论！让我们看看皮特能否找到一种类似的有用的方法，解决和约翰的关系这个"简单一些"的问题。

罗纳德："现在，皮特，让我们谈一谈你会怎样解决和约翰的关系这个问题。"

你可能注意到了，这句话的暗示是，罗纳德相信皮特解决这个问题的能力。顺便说一句，并不是说皮特在承包商的问题上处于合作专家的位置，就意味着他在和约翰的关系上也处于合作专家的位置。罗纳德认为，后退一步，做一些准备是比较安全的方法。

皮特："我会尽力。"

罗纳德："从你告诉我的来看，过去几周你们的关系有所缓和。也许你们最近没有见到彼此是这种变化的原因。但是，你有一次还是去他的办公室找他了。好吧，那次他不在，但是这不会阻止你去第二次。"

皮特："好，躲着不见对方于事无补。"

罗纳德："对的，在我们之前的会议上，你告诉过我，你比以前更了解他的处境了。你意识到约翰在想很多事情。毕竟，他在这家公司是新人，他需要证明自己。"

罗纳德谨慎地选择了他的措辞。他引用了皮特之前会议上的话，那次是皮特说，约翰可能因为没有安全感和缺少经验，才有了他在公司过度控制的行为。因此，约翰的行为不是对皮特的直接人身攻击，更多的是约翰的个人问题。如果皮特可以感受到约翰的行为不是故意攻击，那么皮特就不会采取防卫措施。皮特不再会抗拒约翰，而是开始和约翰合作。

皮特："这是对的，但是这并不能允许他用那种方式对待我。"

罗纳德："我理解。智慧是伴随着年龄增长的。"

皮特说他曾经在职业生涯开始的阶段也感觉到不安，像约翰一样做事。"智慧是随着年龄增长的"包含着对皮特潜在的赞扬。它暗示说，罗纳德认为皮特是一个有经验、自信的人。这句简单的话鼓励皮特用他的智慧解决目前的问题。

顺便说一句，你可能注意到，罗纳德说的是"我理解"，而不是"我同意"。你明白其中的区别吗？罗纳德绝不希望让皮特认为，在这个问题上罗纳德更偏向皮特，而不是约翰。但是，罗纳德这么说也认可了皮特的话。这再次展现了罗纳德在聚焦答案谈话中的语言技巧。我们可以用很少的话传递很多意思！

皮特："谢谢，你的建议是什么？"

罗纳德："我没什么建议，我更喜欢你在上次会议上提出的建议。上次你对我解释说，你找到了一种有效的方式，可以一石二鸟。"

皮特："你的意思是？"

皮特没有在利用自己的资源，因此皮特位于购买者的位置。罗纳德通过提供来自皮特本人的信息，提出建议。

罗纳德："你告诉过我，你可以同时做两件事情。你告诉他你和团队的积极进展，同时，拿一些小的问题寻求他的意见。用这种方式，你既让约翰参与进来，又不会干预太多。"

皮特："这会不会不道德啊？"

罗纳德："不一定，这并不是你在欺瞒公司或者约翰。相反，这让你占据了主动的地位。你需要主动去和约翰谈。"

皮特："我知道了，所以，也许我应该找一个中性的话题和他谈。"

罗纳德："也许，但是为什么要绕圈子呢？你们都有很多话题要谈。也许你刚提到的那个关于奖金的想法是一个不错的开始。你可以和团队的某些成员一起把这个想法弄得更详细一些。为了避免把这个作为一个既成事实告诉约翰，你可以呈现给他你的计划，留有一些余地，请他监督。用这种方式，他可以提供一些他自己的看法，这个计划成为了你们共同的计划。"

皮特："我想，如果我把奖金和罚款的数字具体化之后，约翰更可能接受这个计划。我会计算出这个提案大概的费用和利润。我还会计算出用传统的方式完成这个项目的花费。然后让约翰对比两种方法，如果我能让他对我的新方案有足够的兴趣，我相当肯定他能够并且会增加一些他的想法进来。"

皮特接受了这个建议，而且在使用自己的资源，他位于合作专家的位置。罗纳德只需要鼓励他做更多这样有效的事情。

罗纳德："正确。如果你能给他展现支持新方案的硬数据，他接受新方案的可能性会很大。你知道约翰总是对新的事情感兴趣，你也知道他对于那些'老古董'的评价。"

皮特："好，我会试一试。我相信只有看到了这些数据，他才会接受我的新方法。但是，现在和我合作的是另外一件完全不同的事情了。当然，在混乱之后刚过去的几周我们是'合作'了，天啊，我到底怎样才能让约翰和我合作？"

罗纳德："可能很简单，但是并不容易。你还要主动行动。你可以约他开会，告诉他你相信他的贡献和改进的建议对于项目的成功至关重要。

这是个不错的赞扬，你觉得呢？"

皮特："是的，而且表示我愿意和他重归于好。实际上，因为我真的觉得他的贡献很重要，所以这么说并不让我觉得困难。"

罗纳德："当你这么做的时候，你就已经在和他合作了。"

皮特："好主意，我可以使用你的T.E.A.M.概念。公司会从中获益，我们也都会。这是一个优雅的解决方案，无须我到约翰面前跪地恳求。"

罗纳德："当然了，皮特，没必要那么做。这不是说你们要向对方下跪，而是合作，追求好的结果。你可以相信，董事会会赞扬并且批准你们共同提出的项目计划。祝你工作顺利，好运！"

时间过得飞快，皮特有了每天早上和约翰说一声"嗨"的习惯。刚开始约翰对皮特的友好行为感到奇怪，但是他真心赞赏这种做法，并且把自己的赞赏告诉了皮特。

通过3次周六早上的会议，皮特在一些员工的协助下完成了他的计划。然后他邀请约翰和他开一个早餐会议，说他需要约翰在某些事情上的监控。会议很顺利，也很成功。两个人都很高兴，他们惊奇地发现两个人可以用和以前完全不同的风格对话。罗纳德通过电话知道了这件事。他在邮件中收到了两个人的项目计划，而且他高兴地看到两个人都在下面签了字。

在罗纳德和皮特约定的最后一次会议前，皮特给罗纳德家打电话，希望取消会议，并且为这么晚才取消会议道歉。他告诉罗纳德，这么晚才通知是因为约翰邀请了他一起去拜访一家姊妹公司。罗纳德恭喜了皮特在项目计划上的成功，以及他和约翰新形成的合作风格。当罗纳德问皮特，他觉得两个人有没有必要再开会时，皮特说："我觉得没必要了，事情都已经迈上了正轨，我可以自己把事情做好。感谢你的帮助。"

在接下来的几个月里，约翰和皮特慢慢地用逐渐增长的相互尊重代替了原来的争吵。他们没有成为好朋友，但是这也没什么必要。只要他们给予对方作为同事应有的尊重，他们就可以成功地共同工作。

Chapter 6
带人过程中常见的问题

最后，我们讨论一下，如果你是一位管理者，在一家不太理想的公司与一群不太理想的人共事可能遇到的具体的问题。

为了方便起见，我们整理了最常见的问题，并给出可能的答案，从中你可以看到本书中讨论的所有技巧和智慧。

对于想从本章开始读起的读者，我们欢迎你，希望本章能够促使你去阅读其他的篇章。

如果本章是你读到的最后一章，那么恭喜你，你就快领略到本书的全部精髓了。对于像你这样的读者，我们在最后这一章特别采用了一种轻松的风格，希望能够为你带来一些快乐。

3分钟速答上司的问题

想象一下，你在电梯里遇见了公司的CEO，他让你用3分钟来解释聚焦答案模式这个深奥的术语到底是什么意思。你可以这么说——

为奠定一个正确的基调，让他酝酿好情绪听你说接下来的话，你可以这样开头：

"总裁，早上好。感谢你询问我聚焦答案模式项目的相关事宜，很高兴有机会跟您谈论这个问题。"

当然，生意还是第一位的，这才是CEO的兴趣点。

"×项目能够按时完成并保持在预算之内，主要归功于高效的聚焦答案模式管理方法。"

在你看着CEO、希望引起他的关注时，你要给他一些肯定的说法：

"这与我们的文化也非常契合，我们公司一直非常注重实际，对吗？我们致力于尽快达到目的。"

接下来要进入更复杂的部分，让你的CEO做好准备，同时让他放心，你确实是在谈论公司的生意问题：

"讲究实际，迅速有效地达到目标，这就是聚焦答案模式。聚焦答案模式的另一个优势在于合作，在于调动所有力量，在于为目标不断努力，而不是用太多的时间分析问题。

"我们不去就问题的原因刨根问底，因为这样做通常的结果就是，你在寻找要责备的人，而不是让问题得到解决。就好像你发现车胎瘪了的时候，不会花时间去查是谁干的，而是会换个新胎并充好气。

"调动所有力量能让我们优化利用公司的一切资源，无论是员工的个人资源，还是公司的整体资源。要运用员工的个人资源，经理应该向他们询问构建解决方案问题，而不是为他们提供所有答案。通过这种方式，他们能够提高自己的能力，达到为他们量身定制的目标。

"如果员工发现了一个新的解决方案，我们要确保这种解决方案能够在公司里流传开来，这样团队里的每一个人，以及公司作为一个整体，都可以从中受益。你一定知道那句老话，团队就是每个人都能有更多的收获。"

这些话对CEO来说很中听，但是否只是纸上谈兵呢？该到举例子的时候了。

"上周我的两个销售经理与项目工程师争论起我们产品的问题。他们告诉项目工程师，有一个客户投诉，不是因为产品质量，而是因为产品手册太复杂了。工程师开始为自己辩护，而两个销售经理也不相让，很快他们就开始互相指责对方犯过的所有错误。在这场争论白热化的时候，一个同事参与进来。他称赞了双方对公司的贡献和为客户做出的努力，双方都平息了一些。然后问他们以前有没有遇见过类似的问题，当初是如何解决的。很快就有人说，他们解决过类似的问题，他们增加了一个'新手版'手册，并让工程师与客户联系，解释所有的技术问题。项目工程师说他的员工愿意再这样做一次，而销售经理马上发现了针对客户的一个商机。他们一致同意在下一次团队会议上将此事作为一个新的提案。"

你可以再解释一下：

"我们的员工总是会遇到这样那样的问题。这是很正常的事，有生意就会有问题。以聚焦答案的方式工作并不意味着我们害怕问题，或者我们只是幼稚的乐观主义者。恰恰相反，问题仍然存在，有待解决。不同之处在于，我们是从另外一种角度来解决问题。采用聚焦答案方式的管理者将问题看作解决方案的'黄金指示牌'。这种模式提供了解决问题的智慧，还有很多容易上手的工具，可以帮助我们提高人力资源的生产力。"

最后总结一下：

"您看，以聚焦答案模式的方式工作非常实用，并不复杂。这种模式意味着提高迅速找出解决方案的能力，这对于促成生意的成功非常必要。最终每个人都是赢家：我们的员工，我们这些管理者，还有公司。一句话，'简单的就是最好的'。"

"叮"，电梯到达一层。

巧妙带人比费尽心血管人更重要

如何管理才能让你更轻松，而又能让员工更聪明地工作？

亲爱的读者，我是你们的船长。请阅读你面前的椅背袋中的说明。接下来是最重要的信息，请坐好、仔细听。因为时间有限，我只说一次。

如果你没有看完整本书，而只是被这一章诱人的标题吸引过来，那么恭喜你：你是真正的懒人！如果只读一章就能学到东西，为什么要读整本书呢？如果你想要学会怎样用最容易的方法使用简单的聚焦答案工具，请继续阅读本章，然后跳到Chapter 5 "实际案例中的带人技巧"。在那里你可以找到以故事的形式讲述的真实案例。但是请注意，读完Chapter 5，作为作者，我真诚地希望你能够去阅读这本书的其他部分。

对于那些已经读完之前部分的读者，恭喜你，也感谢你付出的时间与努力。如果本章的题目让你认为，你现在读到的部分包含着聚焦答案模式的终极秘密，再次恭喜你。这意味着你真正理解了聚焦答案模式，这个秘密我们也马上为你揭晓！那就是：多就是少，少就是多。

当然了，我认为管理者应该努力工作，至少要比员工更努力。我们付出额外的时间，承担额外的压力，做额外的事，同时不也拿着更高的薪水吗？那是当然，但是努力工作并不代表高效工作，尤其是作为一个管理者。管理人员的汗水应该流在健身房，而不是办公室！记住，管理是让别人把事情做好的艺术，这不就意味着你不应该所有事情都亲力亲为吗？你的工作是创造一个合适的环境，让你的员工进行最优化的工作。你的工作是帮助他们聪明地工作，而不是努力地工作。那么，怎样才是聪明地工作呢？

你们都知道目标管理的著名缩写"S.M.A.R.T"，即明确的（Specific）、可衡量的（Measurable）、有雄心的（Ambitious）、可实现的（Realistic），以及有时限的（Time-bound）。你知道，很多聪明的管理都包括确立目标，并确保在保持聚焦资源的同时达到目标。你要记住我的格言"简单的就是最好的"，并且记住，聪明地工作就是投入和产出的绝对平衡：用最少的努力，达到最佳的结果。

给"懒惰"但高效的管理者的小建议。

* ★ 确定清晰、明确、可达成的短期、中期、长期目标，并确保这些目标与公司的整体目标相协调。
* ★ 确定目标时要让员工参与：员工参与得越多，就会有更多的主人翁意识，主动性越强，达到的结果越好。
* ★ 作为管理者，确保你做任何事都遵循聚焦答案模式的4个原则。
* ★ 寻找问题的例外情况是通往解决的大门。
* ★ 选择资源驱动而不是目标驱动。
* ★ 鼓励你的员工尽可能地共享各自的资源。
* ★ 尽情享受团队的成果，赞扬每一个成员的贡献。
* ★ 不要吝惜自己对别人的赞扬。
* ★ 不要不好意思提出批评。
* ★ 做决定时不要犹豫，让每个人都参与到你决定的结果中来。

要把庸才变干将，上司先要做个干将

正确对待自我怀疑

通往顶峰的道路漫长而拥挤，但只有少数人能到达，这从来不是一件容易的事。你运用自己的聪明才智，努力工作，才达到今天的位置，但这并没有结束！达到顶峰是一回事，在自己的位置上为公司创造价值，又是另外一回事了。你很精明，工作努力，坚持不懈，自信满满，充满智慧，敢冒风险，受过良好教育，智商和情商都很高，有时可能很幸运。但是就像谚语所说的一样：机会只垂青有准备的人。

作为一个管理者，你一定已经调动了所有资源，来防止自大所造成的后果。在沉思的时候，你有时会对自己说："我能坐上这个位子，是因为我擅长这种游戏，才让我闯到了这一关。我当然很有能力，我当然很有智慧，我当然擅长做生意，我在这方面是最专业的。我能被选中，是我应得的。支持我一路走上来的人们也不是傻子，他们分享着股东价值，我很擅长为他们提供这种价值。这个位置带来的薪水和其他东西的确都很棒。当然了，这样的工作很有压力，但这很正常，责任越大，压力越大。"

有时管理者们在这个位置上会觉得很寂寞，如果你没有这种感觉，那么恭喜你了，你是怎么做到的呢？

其实，偶尔有寂寞的感觉是很正常的，有人甚至认为这种寂寞是这样的工作带来的最痛苦的感觉。那句老话说得好：高处不胜寒。"我不再属于那个群体了。我是高层领导，高层只有一个位置。做一名首席执行官并不是一种团体运动，根本就没有一个团队为我遮风挡雨。如果我们成功了，成功的光芒照耀着我，我明白在我的员工中间分享成功能够让我成为一个更好的领导者。如果我们遇到了麻烦，麻烦需要我自己来扛。做一名首席执行官就像在演一出独角戏，台下的观众是一群饿狼，虎视眈眈地等着我出错。首席执行官坐在公司这棵大树的顶端，看似风光，但也更容易受到风暴的侵袭。我暴露在众目睽睽之下，感觉非常脆弱。在大树的顶端，我很害怕，而且我相信一旦显露出我的脆弱，这群饿狼马上准备群起而攻之。我有时感觉很恐惧，但我很害怕有这种恐惧的感觉，甚至有点儿惭愧。这种恐惧不是一个高层领导应该有的。如果其他人知道我有时候感觉自己多么像一个冒牌货……"

你能做什么呢？

你可能感觉很寂寞，但其实你不是一个人在战斗！你并不是唯一有这种想法和感觉的高层领导。无论有时候你觉得多么难以承受，但经历自我怀疑与恐惧，被必须独自做出的困难决定所淹没，这都是正常的。实际上没有人会在公共场合承认这件事，但基本上每个人都会有这种消极的感受。另外，一个从未怀疑过自己的人必然是一个以自我为中心的人，他不能坦然面对身边发生的一切。成功的管理者不是这样的人，更不用说首席执行官了。

所以说，有这些怀疑是一回事，助长这些怀疑完全又是另外一回事了。你可以试试下面这些方法。

★ 想想过去你怀疑自己的时刻：你采取了什么措施来消除怀疑、让自己回到正轨的？最有效的措施是什么？

★ 提醒自己有哪些资源，自己是如何运用这些资源达到今天的成就的。

★ 想想在你前进的路上有哪些人帮助过你，他们是如何帮助你的，对你最有帮助的是什么，你现在能找出一个类似的人帮助你吗？

★ 将这些想法尽可能详细地记录下来，将记录保存在一个安全的地方。下次你怀疑自己的时候，读一读这些记录，它们是你的情绪没有被阴霾笼罩的时候写下来的，会帮助你更快地恢复过来。

★ 与你信任并尊重的人谈谈，这个人不在你的公司，与你的职业生涯也没有利益关联。能够倾诉你的孤独感和怀疑，能够被人倾听，通常是摆脱不良情绪最快的方法，其实并不需要获得什么实际的建议。

★ 小心公司里的"应声虫"和"马屁精"，你可以听听他们说什么，但不需要当真。相反，你应该去寻找真正的反对的声音，他们反对你并不是利益使然，但你的想法能够受到这些反对意见的磨砺。

★ 将你的自信作为最有价值的武器。

放手让员工去做

如果你的员工都能自己把事情做到完美，还要你这个管理者干什么？

你在作为一个管理者的职业生涯中，一定与有"真空恐惧"（Horror Vacui）的上司打过交道。当他们认为自己没什么可贡献的，或者事情不在他们掌控之中的时候，就会感到万分焦虑。经历"真空恐惧"的人通常会忙于各种无关紧要的事，来证明自己很重要，结果却常常适得其反。为了填补这种真空，他们发明新事物，来证明自己是必不可少的。放弃这种幻觉吧，放眼世界，坟墓中也都是必不可少的人……

认为自己必不可少，认为一切尽在掌控之中，每天工作很长时间，员工的所有事务都要插一手，这是很正常的。这不正是现代管理者的缩影吗？这不正是你想当管理者时所渴望得到的吗？这不正是公司想让我们相信并坚持的幻觉吗？这听起来似乎合情合理，但现实告诉我们：从始至终凌驾于所有人、所有事之上，不仅是不可能的，而且是适得其反的。另外，我们的员工都是聪明人，能够独立地想出有意思的主意，他们不是任何时候都需要管理者的。我们的员工就像当初的你一样，喜欢独立完成工作，并希望自己的努力得到肯定。如果你仍然坚持错误的观念，认为管理者就是宇宙的中心，那么在面对赤裸裸的现实的时候，有时就必然会有一种多余的感觉。

不要紧张，其实感觉自己有点儿多余没什么错，起码可以让我们脚踏实地。

现在让我们从一个更有建设性的、聚焦答案的角度来看待这个问题。如果说管理的艺术就是通过别人把事情做好，而你发现你的员工都能自己把事情处理好，那么结论很简单，你是一个优秀的管理者。你不应该感到自己多余，而是应该由衷地称赞自己、称赞员工。

然而，你要做的还有很多。也许以下正是你管理工作的核心。

①如果你的员工在有效工作，你的工作是要鼓励他们，来帮助他们做更多、更有效的工作；

②如果你的员工做得很好，你就要为未来规划，做长远打算。简单来说，你的员工在行动，而你负责高瞻远瞩。

当你的员工自己做得很好的时候，你可以按照以下这个不太详尽的列表来做事。

★ 指导你的员工来帮助他们成长（不是因为他们没有效率，而是要保证事情在正确的轨道上）。

★ 经常召开会议。

★ 通过巡视他们的工作情况来管理员工。

★ 在团队和公司内进行社交，维护好工作关系。

★ 与其他部门接洽。

★ 向员工提供他们需要的资源。

★ 倾听。

★ 鼓励。

★ 员工表现出色时，称赞他们。

★ 调和潜在的冲突。

★ 做你的团队的外交部长，为你的团队挺身而出。

★ 考虑远期策略。

总结：如果你的团队能够独立完成任务，做他们的管理者是一件光荣而愉快的事。这让你能够集中精力放在核心工作上：帮助他们做更多更有效的工作。

避免同时扮演两种角色

如果作为管理者和教练要戴不同的帽子，让你头疼怎么办？

如果你感到头疼，那就太不幸了，因为戴不止一顶帽子对应着你这个管理者作为领导者和教练的双重角色。如果你和你的员工不清楚一个管理者至少有两个角色，就会发生困惑，伴随着困惑的是冲突，随之而来的便是头疼了。

如果你不同时戴两顶帽子，这会对你有帮助。你只需要确保员工了解作为管理者的你有几顶帽子，戴领导者的帽子时就把教练的帽子拿在手里，反之亦然，这样大家就都不会困惑了。

作为一个领导人的管理者，一旦你说了该说的，做了该做的，你的员工就知道了努力的方向，以及你期望他们遵守的界限。例如，你为他们制定预算限制、销售目标，向团队分配资源，等等。如果这些都清楚了，你可以把领导者的帽子拿在手上，戴上教练的帽子。他们就知道你将支持他们、鼓励他们做有用的事，以完成他们的目标和公司的目标。如果困惑消失了，你的头疼也很可能会随之消失。

当然了，尽最大的努力澄清这些事并不能一劳永逸地解决问题。你的两个角色联系如此紧密，即使你努力了，也很难把这两种角色截然分开。这两种角色是管理这枚硬币的两面，总是会有一点重叠的地方，两种角色都发生作用。你可能会听到你的员工说："我以为你是在指导我，但你现在告诉我做某事的方法是错的。"或者相反的话："我以为你刚刚给了我一个命令，现在你告诉我我需要想出自己的行动方案。"

由于某些原因，这种重叠是不可避免的。第一，人们总是会解释自己听到的话："我认为这是你的意思……"这些解释与特定情况下你本来想戴的那顶帽子可能有关，也可能无关。因此，即使你本来想要戴教练的帽子，人们可能也会认为你在领导他们，反之亦然。第二，一些员工可能会用这些解释满足自己的目的，这对于你的领导力是一个极大的挑战。例如，当你指导你的销售团队来帮助他们完成销售目标时，他们很可能将你的帮助解释为你默许更多的预算。你和你的员工都工作在一个不断改变的环境中，这迫使你也不断地改变自己的角色和位置。

我们来举个例子。作为一位销售经理，你有时会进行实地指导，与客户进行面谈。客户将你看作领导者，现在他们终于有机会与高层人士谈话了，他们会让你做出决定，这些决定可能与销售人员对他们做出的承诺相反。你不想直接忽略他们的要求，也不想跟你的客户说："对不起，我这是在对我的员工进行指导。"这时候你就要改变角色了。你征求销售人员的意见，就好像你们是同一级别的，然后共同做出决定或推迟做出决定。会议过后，你回到教练的角色，与员工讨论各自的经验教训。

总结：

★ 戴两顶帽子是不可避免的。

★ 说清楚你在戴哪顶帽子。

★ 接受有限的一点儿重叠。

★ 建设性地谈论灰色地带，让员工知道处于什么位置。

如何管理员工

关于抗拒的一点小建议

抗拒是一种特殊形式的合作。

你是不是经常听到"我愿意……但是没人支持我""如果我能决定的话，这件事很早之前就解决了，但是其他人不想……""各级管理层没准备好接受我的提议，所以我一点儿办法也没有"，或者"他们反对我"，或者"太多反对力量了"，又或者"如果不是这样的话，我会……"。

当员工没有达到他们的工作目标，一些人甚至用抗拒的概念来为自己辩解：某人或者某件事成为他们失败的原因。并且，这并不应该算是他们的失败，他们不应该承担责任。这是别人的错。"不管怎样都不可能实现的。我们没有一点儿胜算。"

我们经常会和这样一些人共事：他们不向我们求助，不允许我们帮助他们，有的时候甚至公开拒绝我们主动提出帮忙的建议。

上面提到的所有这些态度和行为方式在传统的问题导向研究方法中都被称为对变化的抗拒。抗拒常被看作人们身上消极的个性特点，好像人们倾向于维持现状，或者拒绝承认变化的可能性。

当我们遭遇抗拒的时候，我们倾向于用其他方式不停地重复我们的观点。稍不留神，我们就会变得激动、气恼。我们甚至还会动怒。但是用怒气应对抗拒并不能帮助我们解决问题，实际上，只可能让事情变得更糟。

概括地说，在传统的问题导向型管理模式下，抗拒被看作存在于世界上的"一样东西、一种病毒"。从关注解决方案的观点来看，抗拒只是那些将某些行为定义为抗拒的人脑海中的一个概念，而这种概念并不具备客观真实性。

史蒂夫·施雷泽指出抗拒在传统意义上只是一个概念，不多也不少，而且是一个相当无用的概念。关注解决方案的模式则对这个问题持有完全不同的立场。它将抗拒定义为"对于实现目标看上去并没有任何意义，但是却提供信息的互动"。在这个定义中，"看上去"这个词至关重要，因为它暗示人们是可以利用这个信息的，而不一定非要将它看作消极的。

如果抗拒不再被视作对抗的话，那么我们也就没有必要反对它。相反，如果抗拒被看作关于一种特殊形式的合作的信息，那么它就成为了一个有用的概念。抗拒不再任人宰割，而成为可以指引我们行为的引路牌。

当对方没有向你寻求意见，而你却向他提供你最好的建议时，如果对方对你不理不睬，那么这一点儿都不奇怪，更不要期望人家按照你的建议去做了。这描述的是一个抗拒的人吗？或者说他不接受你的建议的行为是不是他告诉你"你这样做不恰当"的方式呢？

将抗拒看作有用的信息并不是一件轻而易举的事。因此，我们提供给你一张"经典抗拒大全"，并告诉你如何将它们变成更加有用的概念。学习这个新鲜的"抗拒"的概念能够帮助你掌握与人合作的技巧！

带人小·贴士：
　　绕着抗拒的海角行驶的确需要技巧，但通过足够的练习你完全可以掌握这门技能。

当心破坏合作的行为

一些形式的抗拒是没办法看到的，更不要说被接受为信息了。类似形式的抗拒包括反抗、蓄意破坏、故意或者过度批判、性骚扰或者其他形式的骚扰、偷盗和其他形式的犯罪行为，等等。类似这样的"合作恐怖主义"是不能被接受的，应该迅速采取行动应对这样的行为。尊重他人并不意味着要事事容忍对方。

对于破坏合作的行为，你要摘掉教练的帽子，转而戴上领导的帽子，担负起维护正常秩序的责任。当然，你首先要十分肯定自己对该员工的行为做出的判断是准确无误的。你可能要就这个问题听听他人的意见。但是一旦你100%确定他们是故意做出伤害你的员工或者公司的行为，那么你就必须采取行动，摆脱那些员工。最佳的摆脱方式就是以最快的速度摆脱他们。最好告知其他员工那些人被辞退的原因，这样其他人不至于被蒙在鼓里。这样做给每个人都树立了良好的榜样，同时，让你表现出对那些忠于公司的员工的尊重。

抗拒的典型观念	聚焦答案型的转化
虽然重复允诺，但是不会遵守协定。	找出什么可以帮助员工遵守协定。
树立不切实际的目标，然后当目标未实现的时候感到幻灭。	帮助他让目标切合实际，把目标和员工可以尝试的切实行动联系起来，朝着实现实际的目标前进。
给出的信息太少或太多，导致分歧。	协助构建信息，让信息清晰、简明、有用。
把同事排除在信息或者会议之外。	设计团队架构，让团队协作不可避免，并且/或者另外一种方式是，一个人独立承担一部分工作。

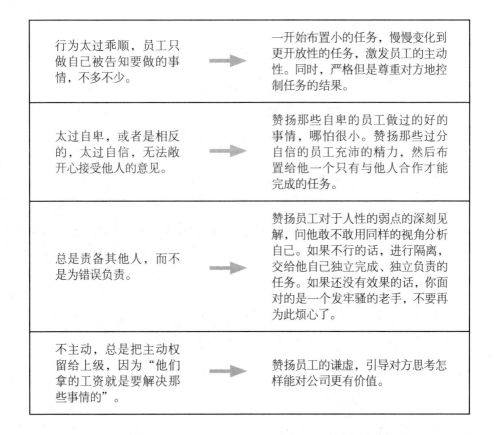

行为太过乖顺，员工只做自己被告知要做的事情，不多不少。	一开始布置小的任务，慢慢变化到更开放性的任务，激发员工的主动性。同时，严格但是尊重对方地控制任务的结果。
太过自卑，或者是相反的，太过自信，无法敞开心接受他人的意见。	赞扬那些自卑的员工做过的好的事情，哪怕很小。赞扬那些过分自信的员工充沛的精力，然后布置给他一个只有与他人合作才能完成的任务。
总是责备其他人，而不是为错误负责。	赞扬员工对于人性的弱点的深刻见解，问他敢不敢用同样的视角分析自己。如果不行的话，进行隔离，交给他他自己独立完成、独立负责的任务。如果还没有效果的话，你面对的是一个发牢骚的老手，不要再为此烦心了。
不主动，总是把主动权留给上级，因为"他们拿的工资就是要解决那些事情的"。	赞扬员工的谦虚，引导对方思考怎样能对公司更有价值。

最先培养哪种员工

作为领导，我最好应该培训谁呢？是那些明星员工还是那些表现不佳的员工呢？

这是一个很难讲清楚的问题。首先，你需要有勇气承认自己的团队是不完美的，同时具有不将团队的不完美怪罪于自己的智慧。然后，你必须对抗那种认为在商业世界每个人都必须是明星员工的错误观念，这个观念是错误的。全世界所有的公司都既有明星员工，又有一般员工，同时还有表现不那么好的员工。

将你的员工分成3类，然后按照类别给每个人贴上标签的做法是危险的，标签很可能会变成现实，让员工真的变成标签所标示的那类人，这可能导致"合作种族偏见"。标签描述的是人天生的特质。但是，它们也会透露给别人贴标签的人的特质。如果你的公司只用3种标签将员工分类，那么这个公司本身就存在着对待员工粗暴简单的问题。

当你意识到某些人可能在某一类的工作上表现得不是很好，但是在另一类工作上就可以达到平均水平，那么你就会发现问题变得更加复杂。表现最不好的工程师也可能在管理方面表现良好，而你的最佳销售员可能却是个不及格的领导。

你可能会说公司有责任帮助员工在自己的工作上做得更好，这又增加了问题的复杂性。这意味着公司有责任管理所有的员工，让所有的员工表现更好。限制标签的数量在这里丝毫帮不上忙。

可以帮忙的是将你对员工的要求尽可能具体、详细地定义出来。只有在和某种具体标准相比较的时候，才能说一个人是否低于平均水平。和多数车相比，法拉利速度很快，但是和飞机相比的话，速度就很慢了。然而，你可以在城里开着法拉利购物，却不能开着飞机做同样的事。

即便我们这样列举了很多复杂性，但一些人仍然比其他人要优秀。即便你最优地安排了任务，很好地描述了任务内容，并且相应分配了资源，还是会有些员工比其他人完成得更快，更加高效。在一个理想的世界里，每个人都是完美的，或者至少多数人是足够好的。但是完美只是一个神话，领导必须应对不完美的情况。首先培训谁的问题仍然存在。

所以，让我们在意识到问题的复杂性的同时实际一点儿。

作为一个领导，你培训单个员工，同时培训着由个人组成的团队。为了让团队表现得更像是个体的集合，他们就必须像团队在一定时间内进行循环赛一样工作。获胜的团队是保持着最高平均速度并且拥有速度最快领骑者的团队。如果团队的明星队员骑得太快，以至于最慢的队员到达目的地太晚，那么这个团队还是会失利。

因此，你要训练领骑者以适合团队的最快速度前进，你要训练中等骑行者尽可能地骑快一点儿，而你要训练骑得最慢的人以最快的速度骑行，以便能够按时到达。

但是，更多的人可能参与其中。每个骑行团队都有不骑车的专门人员。他们准备车辆，安排旅店，培训运动员。在比赛中，他们坐在拖车里，或者站在道路边上，或者开着车跟随着队伍前进。他们的汗水只来自他们承担责任的压力。

你一定要花些时间在这些专家身上，让他们知道他们是多么地重要，即便他们永远不会自己亲自越过终点线。

为了取得最佳结果，你必须培训所有人：明星员工、中等员工和水平比较差的员工。你在谁的身上花费更多的时间则要视情况而定。

当你的团队需要做出一些突破的时候，你要培训那些最具有突破极限潜能的员工。但是，你要确保那个员工和其他员工保持交流：他们需要知道关于这个突破的相关信息，这样当轮到他们接着获得的突破进行工作的时候，他们就可以顺利地工作了。

以一个为一家B2B物流应用提供商工作的高潜能销售工程师为例。他的公司的确需要赢得那个他已经跟进了好几个月的新客户。赢得这个新客户将会对他的团队产生巨大的影响：他们需要根据新客户的具体要求来研发、测试和实施一款全新的软件。当情况严峻的时候，他的经理给予他支持和指导。同时，他的经理确保这位销售工程师定期汇报工作进展。这样做有两方面的目的：一方面，汇报进展是给予他额外的支持，同时也让他从团队成员那里获得想法；另一方面，这样做让团队了解当交易完成之后，他们应该做些什么。想象一下，假如这位销售工程师完全凭借经理的帮忙达成了交易，而与团队没有任何的交流，那将是多么可怕的情况。

统计学原理告诉我们最寻常的大都是一般人。培训他们是件很棒的事，因为他们都是一般人，他们没有太多要求，也不需要太多注意。他们只需要得到恰当的关注。他们有些表现得比较好的地方，也存在着一些问题。好的领导会培训那些一般员工，让他们更好地发挥他们好的一面，支持他们在他们已经做得很好的地方更进一步。一般员工那些表现不太好的地方可能不会引发严重的问题。好的管理者有能力培训一般员工，让他表现不好的方面不至于拖累团队或者公司。他们不需要花费时间或者精力试图将一般员工变成出色员工，这是徒劳无益的，也是十分可笑的。你需要避免的只是不要将一般员工的表现定作标准，这不会帮助你获得任何进步。

然后我们再来说说那些表现不佳的员工。你关注团队里表现最差的员工的原因有两方面。首先，总有些人是表现很差的，也总有些人将会是表现最差的。当作为领导的你表现出对团队表现最差的员工的关注时，这会让你赢得整个团队的尊重。当然，关注他们并不意味着保护他们，更不意味着让他们的表现降低整个团队的表现。其次，你想要看看是否有什么方法可以让他们动作更快一点儿，这样他们就能够提升整个团队的速度。

当然，你想在多大程度上关注那些团队里表现最差的成员都可以。当无论你花费多少努力想要培训那些员工，他们始终在所有方面都远远落后于其他人的时候，你就必须限制你对他们的关注了。因为那样意味着他们既没有提供附加值，也没有对团队做出有用的贡献。如果是这样的话，他们就变成了长期表现不佳的员工，也就是说他们长期在各方面的工作均表现不佳，而且在可以预见的时间内也不会好转。质问他们为什么表现不佳（是由于能力欠缺还是工作热情欠缺）是没有意义的。事实是长期表现不佳的员工会对团队整体表现有着制动作用。怎样干预，这取决于作为团队领导的你，取决于你是否想要你的团队戴着枷锁前进。对这些团队成员的干预无外乎两种形式：一是帮助他们找到一个新的职位，一个他们可以表现得更好的职位；二是恭敬地请他们离开。当他们没办法获得进步而你不得不请他们离开的时候，你就要面临解雇他们的问题。请参考后文有关如何解雇员工的讲解来找到最佳方式处理这个问题。

如果你没有时间同时培训所有员工，你最好找时间关注一下每个人，确保你对团队每位成员都表示尊重，这可能是培训最基本的形式。

总结：

★ 完美只是种幻想。

★ 一个完美的团队包括明星员工、一般员工和表现较差的员工。

★ 需要对明星员工进行培训，避免他们过度表现从而影响团队整体。

★ 对那些表现较差的员工给予稍微多一点儿的培训可以帮助提升团队的平均速度。

★ 最常见的员工都是一般员工，但是不能以一般员工的表现作为团队的标准。

★ 当遇到长期表现不佳员工的时候，你必须站在有利公司的角度做出
  选择。

★ 成功在于差异的融合。

员工不按要求做事时怎么办

你知道你是对的，但是你的员工就是不按照你说的做。如果是这样的
话，那么你就面临着一个巨大的问题！也许你是问题的所在，或许他们是
问题的所在，或者（希望是这样）你只是做出了一个错误的判断。不管是
哪种原因，分析"谁对谁错"都是很花费时间和精力的事情。和你的员工
争吵或者退回到上司独裁的方式都无助于解决问题。你越是坚持，他们也
就越是坚持。最重要的是，他们可能是正确的，那么然后呢？更有益的做
法是扪心自问，你能够做出什么样的改变来获得你想要的结果。但是，说
比做容易，特别是如果你已经被自己的判断禁锢，那么就更加不容易做出
改变。

以下的这一连串问题可能能够给你提供解答。为了避免掉入在"我的
员工从来不按照要求做事"背后的语言陷阱，试着问问自己如下这些问题。

★ 你怎么知道你是对的？

★ 什么是"对的"？

★ "从不"多久发生一次？

★ "我的员工"这个词表达什么意思？是指每个人，他们中的一些人，或者总是同样的一些人……

★ 你确定他们都收到你想要表达的信息了吗？你怎么知道的？你有让他们重复一下你想告诉他们的事吗？

★ 他们没有按照你要求的方式做出回应会不会是因为出于好意？

当你问了自己所有这些问题之后，你还坚持认为你最初的陈述是有用的，还是你的立场发生了改变？如果这些问题只是让你更加坚定地认为他们"应该"按照要求办事，那么你的问题就增加了。但如果你发现自己的判断开始有一点儿模糊，那么你就能够确定自己正向着更好的方向转变。

下一步是询问自己如下问题。

★ 如果他们不按照你说的做，那么他们是怎么做的？

★ 他们的做法有帮助吗？

从这些问题的答案中可以知道你的员工做的事情当中哪些是对组织有利的，即使你可能没有意识到它们带来的好处。多数情况下，你对他们的看法会变得更加具有建设性。你会与他们之间建立一些信任，允许他们多做一些他们已经做了并且对组织有利的事。

当然，还是有些事情是你希望他们去做的。如下是另一种方式。

★ 赞美你的员工对公司做出的贡献，以及他们独立做出这样贡献的行为。

★ 询问员工是否需要你用不同的方式表达你的要求，并且就如何进行
表达寻求他们的意见。

★ 当他们觉得你要求他们做的事和他们认为应该做的事不同的时候，
向他们寻求帮助。

通过这种方式，你向你的员工表现了你敢于放下自己的自尊，以及
对抗抓住职位带来的权力这一人类本能。向你的员工寻求反馈是真正的领
导力的体现，同时也会得到员工的赞赏。这种相互的赞赏有利于合作的进
行。这会让双方都更加轻松地做事，否则可能会陷入僵局。

总结：知道你是对的是一回事，让别人同意这一点是另一回事，而让他们
在行动上做出改变又是另一回事。没有任何领导，包括你，是永远正确的。

员工不接受批评时怎么办

当我批评我的员工时，他们总是感到受到伤害，这是非常不专业的。

你可能听到这样的评论很多次了，特别是从那些比你经验欠缺或者
资历更浅的领导那里听到这样的评论。你甚至可能会发现你在刚刚成为领
导的时候也做出过类似的评价。这是当人们想要完成某件事情却不能的时
候通常会流露出的沮丧。尽管这种情绪很普遍，但这并不是能为领导带来
帮助的最有益的态度。这种态度之所以对领导毫无助益，是因为3个词：
"总是""伤害""专业"。让我们仔细看一下。

"总是"这个词用在这个语境中会给你非黑即白的感觉。好像员
工没有其他选择只能这样表现。这当然不是真的：人们会以他们觉得最

恰当的方式表现；有的时候他们根本不表现，而有的时候他们又会以完全意料之外的方式表现。当你使用"总是"这个词的时候，你就抹杀了这种差异性。"总是"这个词就像是"从不"这个词，是以走捷径的方式应对讨论和争辩。想象一下你的上司对你说"你总是按照你的意愿做事，你从不按照要求做事"，这样一个论述会达到什么效果呢？最有可能的情况是，你转换成了防御模式，然后开始和你的上司争论他为什么错了。

商业世界里的感觉和私人生活中的感觉一样自然。但是，"当我批评你，你感到受伤害"这句话将一个所谓中立和专业的评价和消极的、个人的评价联系在一起。这当然会引发接受批评的人的防御反应。

最后，"不是很专业"这几个字是最无用的一种表达。称其他人不专业掩饰了你想要好心帮助别人却没能取得成果的失望。称你所在组织中的某些人不专业并不是一种批评，而是一种低级的指责。如果有一件事情是一定无用的，那就是指责员工和同事。

所以你现在可以很容易地明白这个短小的句子能够产生多大的反作用力。

这是不是意味着你不能批评别人了呢？肯定不是这样的！批评是商业世界里必需的，原因很简单，没有批评是致命的。如果没有批评，事情就会原地静止，向着好的方向发生的改变就永远不会发生。

如果你想要批评变得更加有用，那么一定要记住如下这些建议。

★ 批评的力量在于你如何进行批评：你提供信息的方式比内容更加重要。

★ 批评的目标是让工作以更好的方式完成。因此，在进行评价的时候也提供一些可能的替换方式，这样也就让你的批评更具建设性。

★ 批评只针对他的行为，不要针对个人。

★ 使用三明治技巧：首先对做得好的方面进行表扬，然后给出你的批评，最后再以赞美结尾。

克服对难缠的员工的抵触情绪

"根本无法和这些人共事！"当遇到难缠的人或者难以解决的局面时，谁没有这样想过？这句话中所说的"人"可以是任何人：雇主、员工、客户、供应商、政府，甚至和你一起经营家族生意的家庭成员。当情况变得过于严峻，说出这句话可以让自己得到解脱，"不是我的问题，是他们的问题！"但是这句话没有任何目的，只是发泄一下情绪。

实际上，这句话真正想表达的是："目前，我不知道如何应对这些人。我尝试过很多事情，尽管我没有感觉到丝毫进展，我更加努力地进行尝试。因为没有取得进展，我现在得出结论：它们是不可能的。"尽管完全没有用，但是"它们是不可能的"这个想法让我不必再责备自己没有能力处理这些问题。这个定义产生的唯一可能的解释是我保留了一些能量，或许我可以用这些能量做些不同的事而不是用来发泄我的沮丧。

不可能的人的确存在，但是很少。经常出现的是那些行事让人们称其为"难应对"的人。这样看来，你会发现所谓的不可能只是一种解释，而且不是一种有用的解释。

所以试着问问自己如下这些问题来尝试改变你的解释。

★ 他们做了什么事情让我想要称他们为难应对的人？

★ 他们通过他们所谓的难应对的行为想要告诉我什么？

★ 他们所谓难应对的行为的好处是什么？

★ 从0到10评价，−10代表着完全不可能，0代表着可以尝试，那么该如何评价我们目前的情况？我们已经做了什么不同的事让我可以做出这样的评价？

★ 回想过去一个评分在0以上的时刻，当时每个人做了什么不同的事？

★ 我过去是如何应对难应对的人的？那时哪种方法效果最好？

★ 我要如何改变自己的行为来确保让他们知道我是想要和他们合作的？

★ 我想要通过与他们工作来达到什么目的？

★ 如果我问他们想要从我们的合作中获得什么，他们会怎么回答？

★ 我有没有对他们的顽强和独立行为给予足够的赞美？

★ 我们的合作中最小的进步标志是什么？

回答一些或者全部这些问题可能会降低一些不可能的感觉，允许你重新获得动力前进。

总结：不同的解释会给你一个机会，让你做出改变。当你改变了你的解释，并且因此改变了你对别人的行为，那么他们很可能会对你做出改变。过去那种自我延续性的、产生无用行为的消极解释构成的恶性循环也因此而终止。

努力发现不喜欢的员工的优点

"救命，我的团队中有一半人都是白痴！"并没有一种对白痴的科学定义。当然，人们有时候的行为的确像白痴，但是这并不意味着他们就是白痴。这只是一种感觉，但是感觉是不致命的。感觉可以很轻易地被转变，只要你愿意这样做。所以，如果你愿意相信白痴只是一种感觉的话，那么你可以尝试这样做。问你自己这个问题——"上一次我见到一个所谓白痴做了一些有用的事情是什么时候？那时有什么不同？我是怎么应对的？我多留意一下有用的行为是不是更好，还是我要一直让自己沉浸在'他们是，而且一直是白痴'这样无用的想法中？"

或许你称为白痴的人只是你不是很喜欢的人。这并没有问题，那些与你一起工作的人，你并不一定要和他们一起去度假！你不需要和所有的团队成员都成为朋友，但是你可以学着对每个人都表现友好。这会让他们更加友好地对待你。结果便是你的感觉可能会发生改变。

或许你称他们白痴是因为你觉得他们没有做必须为公司做的事。如果是这样的话，那么下面的建议可以帮助你在感觉上做出一点儿改变。除非被证实是相反的情况，否则每个人都会努力做到最好。没有人会早上很早起床，然后刻意来给公司添乱。因此，如果你愿意从这个不同的角度看待他们，你就会有勇气用不同的方式接近他们。

你可能会问自己他们没有按照你的要求做，那么他们到底做了什么？他们所做的事情中哪些是好的，即便它们并不是你要求的？这些事情对公司有什么益处？

你可能会问他们，他们认为自己对公司做出的最大贡献是什么？"你为公司做的有用的事情是什么？哪些是你现在不能做，但是可能会对公司有帮助的事情？我如何帮助你做这些事情？"

不管答案是什么，很有可能你会惊讶地发现在你的耳朵里已经不再有"白痴"的声音了。因为现在你在他们身上发现了能够赞美的有趣的事情，所以鼓励和支持也就变得容易了很多。此外，你只觉得你团队中的一半人是白痴。那么另一半人做得怎么样呢？

总结：当你领导团队而不被大家跟随的时候，停下来，转身，邀请大家反馈。当他们想要到你的位置，你给他们让路。然后你允许他们走到你的前面，一路上给予他们支持，帮助他们找到实现目标的方法。这样，你就变成了一个"从背后领导的领导者"。

简短地说：如果你想要改变世界，先改变自己。

何时应该解雇员工

让我们将这个问题分成两个部分：我什么时候应该解雇员工？我应该如何解雇员工？

对"什么时候"这个问题的回答是很明显的，却并不总是容易的。最明了的情况是经济形势迫使你做出裁员的决定：公司员工少一些总比没有公司强。

在一家正在成长的公司里，解雇员工的需求出现在当他与公司的其他人不再能够融洽相处的时候。当然，这种"融洽相处"可以有很多意义。如果钥匙和锁不再搭配，那么可能会把钥匙换掉，可能会把锁换掉，或者两者全都换掉。否则，结果都是一样的：门始终关着。

总的来说，那些尽管接受培训，但是仍然不能为公司创造附加价值的员工，以及那些对公司和公司其他员工造成伤害的，都是被解雇的对象。

下面是一个很痛苦的例子。

一位员工从公司创始之初就和公司在一起，他已经在这家公司工作了将近15年，做到了行政总监的位置。但是，他却没有和公司一起成长，他的雇主遗憾地发现这位员工在这个新位置上产出的附加价值为0。这位经营着家族生意的雇主为员工提供了培训，却无济于事。外部培训的结论很简单：这位员工并不适合这个职位。当然，雇主意识到首先他提供这个职位给这位员工就是个错误，但是现在他没有别的办法，只能将他降职。这位员工的第一反应是沮丧，然后是愤怒。他感到自己对公司的忠诚被忽视了。降职对他来说是非常痛苦的事情，但是他对此的应对方式是长期地讲公司的坏话，损害了雇主和公司的声誉。当这位员工开始向公司的资金提供者散布关于公司的负面消息时，雇主解雇了这位员工，平息这一切。

下一个元素是有关解雇员工问题最为重要的部分：如何解雇员工。这个通常很痛苦的过程的核心是两个字："尊重"和"诚实"。

显然，解雇员工可以划归到传达坏消息的谈话的类别中。因此，第一条规则是：和你要解雇的员工谈话。不要只限制在发电邮和信件上。不要含糊其辞，而是要尽快地传达这个消息，并且确保你用尽可能具体的原因解释你解雇员工的决定。允许你的员工做出情感上的回应。然后确保你谈到了这位被解雇的员工作为个人来讲所拥有的资源，你如何感激他们的杰出表现或者他们对公司做出的有益贡献，以及你对这位雇员能力的信任，相信他一定能够找到其他职位。简而言之，对你真诚认为他可以在今后的事业中发挥的各项能力进行赞美。在你重述你做出解雇员工的决定的原因时，一直允许员工进行情感上的回应。如果，最终，你们达成共识，认为现在分道扬镳对于双方都是更好的选择，那么你的任务就完成了。公司和这位雇员都可以在各自的生活和事业上继续前进。当然，对于被解雇的员工来说仍旧是困难的，但是很可能他在日后会明白这对于双方都是最好的选择。

为什么当我解雇员工时，我必须费这么大力气呢？毕竟，我解雇他们是因为他们不再适应公司的需要。

这样做的原因有很多。当你解雇员工的时候，至少涉及3个方面：你解雇的员工，执行解雇决定的员工，留下来的人。

在人类之间的互动中有一条定律：你给予的就是你得到的。尊重别人会让你反过来得到尊重。这是简单、基本的人类本性。即使你解雇员工是因为他们不再适合公司的需要，你也最好让他们离开的时候维护自己的尊严不受损害。认可员工的努力和贡献而不管他们已经被解雇的事实是最好的方式。

在"表现好一点，否则就滚蛋"的商业世界里，一些人忽视了一个简单的事实，那就是解雇别人永远不是一件开心的事情。对待别人像是对待自己一样永远是更好的做法。毕竟，有一天可能你也会站在被解雇者的位置，如果是这样的话，你会想要得到一些尊重，不是吗？

或许努力以体面的方式解雇员工的最重要原因是那些站在后面看着的人。那些站在背后目睹这一切的员工都受到有人被解雇这个事实的影响。

如果被解雇的员工被认为对公司没有用处，甚至是有害的，那么可能得到如释重负的反应。但是，员工被解雇的方式反映了做出解雇决定的领导的管理风格。踢开对公司有害的人最初可能会受到热情欢迎，但是总有种不愉快的氛围环绕在公司："的确，他是个浑蛋，但是有必要像对待浑蛋一样对待他吗？"因此，解雇员工的方式在留下来的员工心中会留下印记。当解雇员工的行为以一种体面的方式进行时，员工心中就会留下受到尊重的印记。

当有员工被公司解雇，通常会给留在公司的员工心中留下一种不确定性。为了避免这种不确定性的增加，剩下的员工需要知道为什么那个员工被解雇了。这会让他们更加知晓自己的处境，并且得到关于公司是否健康发展的最新信息。

永远不要害怕赞美你要解雇的员工，这并不和你要解雇他们相矛盾。同样，被解雇并不意味着这个员工就是个坏人，没有为公司做出一点儿有价值的事情。你只需要解释说这个员工不再符合公司的需要了。这给你一个绝好的机会，可以向那些站在背后观看这一切的员工展示你如何尊重别人，即便是那个你要解雇的人。

那么，那些所谓的合作恐怖分子呢？那些故意伤害公司和公司员工的人呢？我们建议你首先留意和那些人有关的法律方面的事宜，然后以尽可能干净利落的方式解雇他们。将他们曝光在公众面前会感觉像是获得了巨大的胜利，但实际上这样做只能达到复仇的目的，并无其他。而复仇在公司事务中是很不好的情绪：这种情绪会吞噬能量和金钱。

如何才能在处理裁员的同时最好地保持其他人士气高涨呢？关注解决方法的方式如出一辙！通过认可离职员工的贡献来表达对他们的尊重，同时对他们集体被解雇给出准确和公开的解释，让被解雇的员工和留在公司的员工都十分了解情况。裁员永远都不是有趣的事情，也没有理由隐瞒事实。但是，这种公开性并不意味着人们应该开始抱怨、苦恼或者寻找借口。对于一个负责任的领导来说，他的任务是处理这种规模性的裁员，他也因此要挥舞斧头。谨记老牛仔的格言"群犬吠不停，商旅依然行"是非常有用的。

当以体面的方式完成了裁员之后，很可能不会出现"幸存者症状"。在公司重组的鼎盛时期，大量的劳动力为了公司股东的利益而被裁掉。这样大量的员工流失会导致幸存者症状：许多留在公司的员工会挣扎于一个问题——"为什么在这次公司大清洗中我得以幸存？"

受到这种幸存者症状困扰的人会感到压抑，对自己不确定，害怕和受伤害。他们倾向于以一种安全模式行动，这会导致次佳行为：他们更加关心自己做的事情是否正确，而非如何将事情做好。为了不让自己的表现受到公司的关注，这种次佳表现会成为常规。幸存者症状会在短时间内给公司造成致命的后果：创新和主动性被终止了。

结论：

★ 在企业活动中，解雇员工是难以避免的环节。

★ "何时解雇员工"不如"如何解雇员工"重要。

★ 对你要解雇的员工表示尊重，对所有人都是有益的：被解雇的人、解雇人的人，以及剩余的员工。

★ 信息透明和清晰可以让解雇的过程对每个人来说都变得容易一些。

★ 即便是合作恐怖分子也应该得到尊重，并不是为了他们，而是为了那些留在公司的员工。

★ 幸存者症状是裁员的副作用，可以通过认可被解雇员工的贡献来避免，同时向那些留在公司的员工提供必要的解雇员工的信息。

★ 尊重别人会让你反过来得到尊重。

如何与上司相处

如何应对满眼都是问题的上司

你如何应对一个每天只看到问题的上司？

与其让你自己被这个问题所困扰，你不如这样想：你有一个努力工作的上司，他善于发现，并且和你分享他的担忧。因此确保你的上司知道你在倾听他的担忧。否则，他会一直关注这个问题，甚至或许发现一直在出现的问题的其他方面。

但是，你要确保自己远离问题导向的诱惑。后退一步可以帮助你避免由于过于关注问题而出现恐慌行为。永远不要让你自己发怒，即便你的上司是一个专业忧虑者。你要保持平静，让自己变成专业的解决问题的勇士，在对的时刻，告诉他："好的，上司，我知道你的意思了。按照你对问题的分析，我们能够采取的第一小步措施是什么呢？按照你的描述，目前的问题很棘手，但是经过我们的努力，我们不会允许自己被这个严重的问题打败的，对吗？仍然有些部分是运转良好的，不如我们从这些地方开始，看看我们能怎样解决。你一定同意我们要确保尽管有问题出现，但是事情还是得想办法继续下去，对吧！"

这样打断你的上司比玩世不恭地嘲笑你一直忧虑的上司要更有机会成功。当然，你上司的风格是有一点儿过度反应，并且倾向于看到事情的消极方面。但是，这种关注问题型的敏感可以被转换成探测可能解决方案的雷达。你唯一需要做的事情就是帮助你和你的上司抓住微小的可能带领你找到解决方案的希望，而不是一直关注着问题造成的噪声。

如果你足够有耐心而又坚持，那么总有一个时刻，通往问题阁楼的大门会打开一点儿，可能的解决方案会射进一缕阳光。小心地迈进门缝，或者从伸进脚趾开始慢慢试探……为了轻柔地迈进这扇门，一定要在"最微小的暗示我们取得一点儿进展的信号是什么？你是怎么注意到问题稍稍缓和了一些，哪怕只是一点点？你的员工会做出怎样的改变呢？当你看到最初暗示进步的信号时，你会做如何的反应呢？"这些问题之前加上"即使我们仍然存在很多问题"。

应对永远忧虑的上司的建议。

- ★ 接受他的忧虑，因为这是他对于事实的解读。
- ★ 避免和他争论他忧虑的错误性。
- ★ 向你的上司表示你十分赞赏他对组织的忠诚，即使这份忠诚始终伴随着忧虑。
- ★ 不要让自己被涌起的绝望所吞噬。
- ★ 询问那些尽管出现问题，但是仍然做得很好的方面，称赞你的上司在这些方面起到的作用。
- ★ 耐心等待，等到消极的面纱褪去，然后询问暗示进步的最微小的信号。

结论：

一位永远忧虑的上司始终观察着每一点可能的威胁。尽管有些时候这种做法令人很难忍受，但这种品质是值得赞赏的。毕竟，你知道永远有人在背后帮助你，让你可以解脱出来，去寻找所有可能的解决方案。

克服对上司的恐惧

尽管你永远不会公开承认这一点，但是有的时候你是害怕你的上司的。

你们当中的一些人可能认识到这一点（我就是！），其他人则可能对此很陌生。如果你属于后者，那么恭喜你，你不会被这些无用的感情所束缚。

但是，如果你的确认识到这些害怕的情绪，即便只是因为你的同伴或者同事对你提及过这一点，那么正确地理解它们是十分有帮助的。有一点害怕你的上司绝不意味着你没有能力完成你的工作，或者你不能成为一名管理者。相反，这意味着你，或者那些你知道有点儿害怕的人，是敏感的，并且想要为组织做出最好的贡献。

当然，当害怕变成让你无法行动的焦虑时，你就遇到了一个问题。在晚上一直醒着，思考着公司出现的问题对于管理者来说是很平常的事；在晚上一直醒着，脑海中挥之不去的是你的上司盯着你，两眼通红，口吐白沫，则并不寻常。

因此，下面是你可以做的事情。

★ 问问自己心怀畏惧是否有用，如果没用的话，尝试做些别的事情，比如关注其他的材料，起床喝一杯咖啡，打电话给朋友，或者集中精神想想你最近的一次旅行，想象你的上司在一群人面前赤裸身体……

★ 提醒自己你所拥有的全部资源以及你至今为止获得的成功，问问自己是如何做到这些的。

★ 回想你曾经成功克服恐惧的一次经历。你是如何做到的？

★ 想到你的上司可能也会有同样的恐惧，因为他们也并不掌握全部的控制权。

★ 当你关注前一个问题，想想你的上司可能面临着更大的问题：他想要你完成你的工作，却不能替你完成你的工作，因此只能依靠你的努力。这是不是也是一种恐惧呢？

★ 记得没有人想要生吞你，即使最不幸的事情发生了或者你犯下了一个真的很严重的错误，他们也不会这样做。

★ 通过将你的恐惧重新定义为挑战，从而将你的情感发挥到更好地完成工作上面去。

如何应对"沉默"的上司

这是不是件很恐怖的事情呢？你尽自己最大的努力去成为一个好的管理者、领导和教练，而你的上级却看上去犹豫不决，没有一点儿头绪，并且不给你任何明确的目标。

那么你要怎么做呢？

让我们从你不应该做的事情开始，即便第一反应非常普遍。你最想要避免的是沉浸在猜测和假设中。和他们的沉默一样不幸的是，他们不告诉你要做些什么可能有很多原因。在不停地猜测"为什么"别人这样做的过程中失去自我是最没有帮助的，因为你永远不会找到确定的答案。此外，很可能你会在对你上司恶意的猜测中迷失在黑暗和恐惧的森林里。最后，失掉自信会损害你作为管理者和领导者的能力。

因此，最好停留在上司行为的表面，不要过分分析他的行为。只是按照他表现出来的样子接受它。

你上司的沉默有好处也有坏处。你很快会看到一个沉默的上司的好处：他表达出对你的信任，证明你做得很好，同时他允许你按照你认为合适的方式进行你的工作。当然，这些也都是解读，但是它们更加有用。所以好好享受，继续工作吧。

但是，如果这让你变得有一点儿不确定，并且（或者）你感到需要让上司做决定以进行工作，那么你可以尝试这样做：友好地向他寻求帮助和指示。

如果这样做行不通也不要着急，还有其他的方法。

方法之一就是给你的上司更多的选择。给他几个可能的选择，并且确保你提供给他每个选择的背景，让他可以从中做出选择。当然，你并不想提供给他太多的选择来加剧他的无法抉择，同时也显得你自己无法抉择。因此你可以加进自己的建议，标明你认为的最好的选择。但是如果你能够以"你是不是觉得方案X对目前公司来说是最好的选择"这个问题结束你的建议，那么你的建议就会变得更加有力量。当这样的问题让你的上司想要和你谈话的时候，你要保持开放的头脑，询问他基于这个领域或者对这个公司的了解而给出的意见。这个过程向你的上司展示了你是个负责任且充满热情的领导，即便你的上司很沉默但是你仍然尊重他，你尊重公司的等级制度。这种尊重的态度比"我知道得更多"的姿态要更加优雅有力。

当事情变得更加糟糕，而你的上司仍然不做任何回应的时候，你应该考虑使用恐怖场景技巧：你表达你的忧虑，以及对如果不做出决定则可能发生的事情的担心。然后你用尽可能生动的方式描画公司可能遇到的各种恐怖结果，接着你表明自己没有上司的帮助或者专家的支持而产生的无助感。

如果他仍然选择保持沉默，而你也做了所有能做的事情，那么建议你寻求自保，将所有可能的选择以及相关的背景信息写成备忘录发给你的上司，让你的上司做决定。一定要在备忘录里表达出你对公司可能面临的后果的担忧。然后等待，同时开始着手处理公司的其他工作。很可能的情况是迟早你的上司或者你上司的上司会按照你的备忘录行动。如果他们采取行动，那么你就跟着采取行动，并且感谢那些采取行动的人。你的功劳隐含在那个署着你的名字的备忘录中。使用电邮是更好的方式，因为这样就能保证你的文件是被记录日期的（同时被存在公司的服务器上）。

结论：

* 不要迷失在猜测中。

* 相信你的上司是信任你的。

* 友好地询问方向比要求决定更好。

* 给你的上司一些选择，同时给出一些建议。

* 对你的上司施压会产生相反的效果。

* 尊重的态度和一点儿坚持的态度效果最佳，特别是当你表达你对公司的忧虑和忠诚时。

★当无计可施时，一定要寻求自保，同时时刻记得公司的利益。

如何处理危机

不做危机的"观察者"

危机是商业的一部分，这很容易理解。变化是不可避免的，一些变化来得让人出乎意料，而一些变化对你的公司会产生巨大而又有害的影响。领导的职责就是要应对这些影响造成的后果。这样影响的例子有很多，比如关键员工的突然离开，工厂发生的事故在媒体上的负面曝光；经济丑闻对股票造成的影响；在公司合并之后需要对你的部门进行重组；一个大客户的突然破产；公司总部发生火灾。类似这样的例子都可能会变成一场大灾难。

如何看待这些情况以及需要做些什么呢？打个比喻，住在加勒比海的人会偶尔遇到飓风的，而你的生意一定就是在飓风可能袭击的范围内的一个小岛。当你处在飓风当中的时候，坐视不管，只是看着它，很危险。相反，让自己做好充足的防护措施是更加安全的做法。当你的房子向你的身上倾倒，不要只是盯着废墟看，而是要找到一条出路。

应对危机的要点是不要试图对抗造成危机的原因，因为这只会让情况变得更糟糕。将飓风吹跑是件非常困难的事情，因此最好借力打力。比如，当一个竞争对手极具侵略性地进入你的市场，如果你只是抱怨或者问自己为什么对方这样对你，这没有一点儿用。你最好弄清楚你的公司应该为客户做些什么，以及你将如何应对威胁。当然，你可以做的还有更多：

这个威胁可以成为激励你的公司更加努力，增强市场竞争力的动力。

人们（包括你的员工以及你我）都是有惯性的：当一些意料之外的事情发生，我们倾向于寻根究底。为了清楚地知道发生了什么事，我们会变成危机的观察者。为什么这样的事情发生在了我的身上？我做错了什么？我们陷入这样的混乱之中究竟是谁的错？这些问题可能会有将我们困在对问题的关注上的危险，这样一来，我们对危机的感知也就更加恐怖，相对于现实来讲压力也就更大。

即便你是个训练有素的、十分有经验的关注解决方案的员工，你也需要在精神上后退一步，以便从宏观上认清你应该如何应对自己陷入的危机。

比如：

一家中型法律事务所的企业并购团队突然宣布集体辞职。事务所的首席执行官听到这个消息立刻从椅子上跳了起来，他的律师直觉马上发挥作用："我能不能起诉他们？"在经过了几个小时的恐慌、愤怒和沮丧之后，他让自己冷静下来。首席执行官意识到他无法起诉这些员工，使自己陷入一场公开的战争中。他制订了一份详细的计划，列举出他之前的企业并购团队仍然可以和他公司的其他专家们合作，并且计算出这样双方可以获得多少好处。打算离开公司的团队意识到他们也可以通过与他们的前雇主的合作获利，因为他们也需要其他部门的一些帮助来继续他们的工作。

对在危机中坚持关注解决方案模式的几点建议。

★放松，每次危机都是一次机会，会帮助你变得更加强大（除非你倒在了危机里）。

★ 既然你已经陷入了危机，那么再去揣测危机是如何产生的就毫无意义了。

★ 用放松和优雅的方式处理危机。如果风暴来了，那么最好做一棵芦苇，而不要做一棵橡树。

★ 坐稳了，花点儿时间去回想你之前经历过的危机。你当时是怎么做的？那时最有帮助的事是什么？你当时学到的东西中有哪些是你现在可以用上的？

★ 在危机中你不会孤单。所以如果你通过镇定的表现让其他人也镇定下来，那么你就从旁观者变成了帮助者。正如你已经知道的，通力合作会获得更大成就：团队合作是更好的选择。

★ 寻找建设性的方式去应对危机，然后采取相应的行动。

团队作战：如何解决冲突

当有着不同利益诉求的各方交会时就会产生冲突。商业生活充满了互动，因而冲突是（商业）生活中不可避免的一部分。出现冲突没有错，冲突肯定是存在的。当面临利益冲突的时候，你的行为方式可能是有效的，也可能是无效的，甚至可能会带来破坏性的效果。

在经济学中，资源（时间、金钱、人力）是有限的。在商业生活中，还有另外两个资源：尊重和认可。这两种资源的数量是无限的，但是，它们在商业生活中也不多见。传统经济学中的资源是可触摸的，可计量的，是由硬件组成的。但是，尊重和认可既不可触摸，也不可计量。尊重和认可的要义在于感受到被尊重，得到别人的认可。它们的缺点是利用这两个资源的时候要十分小心；优点是人们只需要一点点就可以产生效果。此外，尊重和认可不需要什么成本，只需要你的一点儿努力。

我们都见过也经历过（工作）生活中的冲突，在你读下面的例子的时候，你可能还会想起一些自己经历过的冲突。试着想想，当你面临下面的情况的时候你会怎么反应。

一家医疗用品批发公司的董事兼总经理开始收到来自客户的邮件。客户的邮件并不令人开心，邮件在投诉公司没有兑现承诺，交货不及时、不完整，延期交货的物品根本没有交货，等等。这位董事兼总经理拿起了电话，打给最大的客户——哦，天啊——也是最不高兴的客户。很幸运的是，她足够了解这位客户，所以能够和客户聊一聊到底发生了什么。客户告诉她，他之前打电话给她的销售经理投诉这些问题。虽然销售经理对待这位客户态度很好，但是那位销售经理唯一说的话就是：这全是公司后台部门和物流部门的问题。当这位客户打电话给物流经理的时候，他听到了类似的信息："那些销售部的家伙觉得他们想做什么就做什么，他们允诺给你的事情我们不可能做到，他们唯一做的事情就是把他们那些大大的汽车停在门前，然后走进我们的办公室，冲我们大喊大叫。"

这位董事兼总经理感谢了客户提供的有效信息，挂了电话之后立即请三位相关的经理过来。你可以想象到之后发生了冲突。你可以猜一猜下面的抱怨分别是哪位经理说的，测测自己的商业经验是不是很丰富：

"你和你的员工有全公司最清闲的工作，你们就坐在电脑后面，打几个电话，往楼下送一些邮件，从来不需要承担责任。而且，你们的工作时间是朝九晚五。我在拜访了一天客户之后，晚上回到办公室，而你们的办公室一个人影也没有。"

"你们才是幸运的家伙呢，开着你们的汽车到处逛，仿佛世界都围着你们转，拜访客户的时候轻易做出允诺，从来不想想现实中这是不是可行。你们把这些不可能实现的事情发个邮件给我们，觉得我们能变魔术似的把事情搞定。我们是那些要帮助客户的人，是我们在冲锋陷阵，我们在满足客户实际的需求。你们顺便来一趟公司的时候，都是冲进来冲我们抱怨，发出一些命令，然后你们就自己喝咖啡去了。"

"我们是那些任劳任怨的人，没有什么朝九晚五，常常是朝五晚九，然后再倒班。你们从来都不想一想就认为我们能把什么事情都做好，你们除了传递一些命令都不需要实际地做什么，你们从来都不会过来看一下那些不可能的命令给我们造成的混乱局面。而且，当客户的一个订单出错时，你们都会把责任推到我们部门。你们都责备我们，但是我们都不能为自己辩护，因为我们几乎没当面见过客户。你们无须否认，这就是事实。是我们的客户告诉我这些的，你知道是什么时候告诉我的吗？就是客户无法忍受这种混乱，跑到我的办公室里来的时候。"

现在猜猜分别是谁说了这些话并不难，对不对？这只是3个人。你可以想象在每个部门内部会有多少冲突吗？你觉得在每个部门办公室的咖啡机那边都会发生什么？如果你邀请3个部门的人都过来讨论这些问题，会有怎样的局面？你怎样处理团队之间的冲突？你能做什么呢？

经典的解决冲突的办法是，寻找冲突的原因——为什么这些人这么做呢？这个"为什么"的问题的回答常常会引导大家争论"谁是相关人，谁开始了这场冲突",然后最终引向"谁是责任人"。这一系列问题会导致相关各方争相阐释自己的观点,而且可以预见,他们的观点肯定是大不相同的,否则也就不会有这个冲突了。这种解决冲突的方式很容易导致大家为自己的立场辩护,会使大家都责备别人,而我们都知道责备别人会导致怎样的结果:冲突升级。然后这很容易导致公司内部的战争,浪费时间和精力,毫无结果。

但是,我们有其他优雅的解决冲突的方式!下面的步骤教给你如何更有效地解决冲突。

首先,很重要的一点是要认可冲突相关各方不同的观点。最好开头就告诉他们,大家的观点都是对的,没有必要讨论谁对谁错,因为各方都有自己的事实。

在听完了3位管理者的话之后,董事兼总经理精明地说道:"我看到了,你们每个人对现在发生的事情都有一个清晰、简明的想法。你们都为所在团队对公司的贡献提供了很大的支持,你们对自己团队的贡献也都描述得很好。大家都认为自己的团队贡献更多,这是很自然的事情。

"我们都知道,不同的团队是以不同的方式为公司的运营做贡献的。没有销售,后台部门和物流部门就没有用。没有物流部门,卖公司的产品、后台处理客户的需求有什么用呢?没有后台部门,就无法实现销售和后勤部门的合作,我们也无法否定后台部门的重要位置。当然,你们都来自不同的团队,对于客户有着不同的任务和利益,这种不同会带来困难。我很高兴你们都认识到,是各个团队的合作构建了我们公司的力量,提升了我们和客户的关系。"

然后她赞扬了各方在为公司工作时使用资源的方式：

"现在，我很清楚地看到，你们的团队都在为公司很努力地工作，尽最大的努力用最好的方式为客户服务。"

寻找并且（重新）建立共同的立足点。当冲突很严重的时候，这一点可能很困难，甚至看似不可能。但是，这是可以做到的！大家都是为了公司的利益，这是大家共同的立足点。在冲突中，没有人只关心自己或者团队的位置。他们都知道他们是整体的一部分，整体的力量要大于各个部门力量之和。

"我非常理解，当客户开始投诉我们的服务，特别是在你们都非常努力工作的时候，你们都会感到很不舒服。很明显，你们都认识到，最近公司有一些事情出了问题。现在，让我印象深刻的是，在你们表达不同意见的时候，你们都提到了'我们的'客户。所以，很明显你们有共同点！我们有着共同的热情——为客户提供最好的服务，我们不会让公司四分五裂。现在，我们不要深究客户投诉这件事的背景和你们的不同想法，让我问你们下面这个问题。"

问他们例外情况，正在发生的冲突并不是一直都存在的，虽然当大家在经历冲突的时候，觉得仿佛冲突一直都在一样。

董事兼总经理问了这样的一个问题："你们什么时候没有这样的冲突，那时候你们的做法有什么不同？你们之前有没有遇到过类似的冲突，那时候是怎么解决的？有没有什么办法是现在可以拿来用的？"

这些团队经理很难不去指责对方，但是这里董事兼总经理可以帮助他们。她只需要耐心地倾听他们的相互指责，然后把他们的话转译为他们怀着良好的目的，但是不能有效地把自己的想法说清楚。而且，她坚持提出构建解决方案的问题。很快这些团队经理就开始给出有用的回答，这成为重建合作关系的基础。

在你帮助冲突的各方转向更有效的互动方式时，不要忘记了还要实现另外一个转变，即让这些团队的成员也实现这种转变。直接给出怎么做的建议，比如帮助他们自己想出答案。你已经学到了怎样实现这一点：用提问的形式给出建议，这样他们"拥有"自己的回答。你可以用下面的方式开始。

董事兼总经理："同事们，现在这是一种有效的谈话方式吗？"

他们可能都会回答："是的。"

然后董事兼总经理继续问："你们刚刚谈到的东西哪一些是有用的？"

他们都回答："都是有建设性的，争论谁对谁错不会有什么结果。我们都处于这个问题中，我们最好还是一起找出解决这个问题的办法。"

董事兼总经理："是的。恭喜你们，这就是我希望看到的！你们会怎样帮助团队也迈出这向前的一步呢？是不是要先认可他们的努力工作，认可他们的担忧？再次告诉他们，他们为公司做出了怎样的贡献，他们工作有多好，这样做是不是会有用？你们觉得要让你们的团队成员认识到，彼此合作对于重建合作的关系是必要的，他们需要什么帮助？"

在接下来的几天，他们一起商定了解决问题的计划。

总结：

* 确保每个人都理解冲突中赢或者输都不是针对个人的。如果你让大家把冲突个人化，大家就很难接受改变。
* 帮助人们理解相互尊重是合作的核心，各方都要合作，否则他们会失败。
* 努力建立一个共同的立足点。
* 确保最终大家都认同公司是最后的赢家，各方都在为此做贡献并从中受益，也成为赢家。

 结语

这本书的结构就像鲁比克发明的魔方一样，有6个面（章节），各个章节都在阐述聚焦答案方法，只是角度不同。

对于读者中的大部分人来说，这一章是你读的最后一章。

对于一些读者来说，这是你翻开的第一章。

于是以此作为我们的结语或者开篇：

结束

对一些人来说

是开始

致谢

非常感谢我们的客户，以及全世界范围内的聚焦答案团体，作为你们的一员我们感到非常高兴。感谢你们每一个人，谢谢！

路易斯在此感谢柯尔斯顿，感谢她出色的教练和支持，努力把她20年的经验浓缩在书页上。如果没有她，这本书就不会成为现在你拿到的这本书。谢谢！

在此我还想真诚地感谢我的家人，尽管我常常不在你们身边，但是你们还是以爱包容着我。谢谢！

书评

　　"聚焦答案"是现在的流行词汇，这是因为这种方法拥有许多优势。在这本书中，路易斯·卡夫曼这位国际管理专家，呈现给读者一本可读性极强，并且以实际应用为导向的书。希望站在这个潮流的前沿吗？希望获得成为一位出色的管理者的最新知识吗？解决方案就在书里。

美国米尔顿·H.艾瑞克森基金会（Milton H. Erickson Foundation）总监
杰弗里·K.齐格（Jeffery K. Zeig），博士

　　这本书很重要，全面介绍了如何把聚焦答案心理学的原则应用到管理学，应用到一个组织机构的领导中。我相信这种整体上的积极心理，特别是聚焦答案管理方法会成为各商业机构以及其他组织的大趋势。在组织团体中，关爱自己同时关爱员工，这已经成为团队生活中重要的一面。这本书讲述了我们如何共同创建这种良好环境，而不是损害大家的利益。

芬兰赫尔辛基短期治疗机构董事兼总经理，总监
本·弗曼（Ben Furman）

这本书整本都在讲聚焦答案的领导力——这可以很简单吗？是的，可以很简单。路易斯·卡夫曼的书告诉你怎么做，语句简单，并辅以很有助益的实际案例。一个人无论之前的领导工作是否问题频发，还是已经体验过聚焦答案方法，他都可以从书中找到新的思路和方法。恭喜路易斯·卡夫曼写成了这样一本出色的书。

奥地利 ISCT 公司首席执行官

玛格·索尼娅·鲁达兹（Mag. Sonja Radatz）

路易斯·卡夫曼的这本书真正实现了思维和有效行动的连通。他不仅引入了一种不同的思维模式，让我们跳出束缚的盒子，还让我们找到了在盒子之外有效行动的方式。这本书绝对不是关于解决问题的，而是关于创造解决方案的。

《一头看不见的大象》（*The Blind Men and the Elephant*）作者

戴维·A.舒马兹（David A. Schmaltz）（美国）

这本书把聚焦答案的观点带出了治疗室，告诉我们管理者如何应用这种技巧。这本书是管理者的一本实用指南，注重他们的独特需求，以及他们面临的特殊的挑战。我特别欣赏卡夫曼所强调的，管理是在平衡领导力（设定目标，指导人们的行动）和辅导（支持和鼓励他人）。他为人们实现这个平衡提供了实际的建议。

美国，威斯康星州，马凯特大学社会学全职教授

盖尔·米勒（Gale Miller）博士

简单的真的是最有效的! 路易斯根据自己的丰富经验写出了这本出色的囊括实际管理智慧的书。他娴熟、准确、明晰地把已经完善的聚焦答案的方式，引入到管理者每天的工作世界中。如果你是一位希望在工作中构建解决方案的管理者，那就立刻买这本书吧!

《跳过问题找方法》（*The Solutions Focus: The SIMPLE Way to Positive Change*）作者之一

马克·麦克高（Mark McKergow）博士

这本书充满了信息和可以简单应用的建议，我多次向总监级的客户强烈推荐这本书，对我的培训行业的同事则推荐得更多。我把这本书推荐给所有希望获得一个"工作文库"的读者，这本书结构安排良好，阅读的时候不乏乐趣。

美国国际教练联盟协会（ICF, International Coaching Federation）前副主席

玛格丽特·克里格勃姆（Margaret Krigbaum），法学博士

路易斯·卡夫曼成功地做到了少有人能做到的事情——写一本有趣、实际并且严肃的书，就是这本书。卡夫曼把心理治疗领域有极大影响力的聚焦答案短期治疗方法的概念，发展成书中的"聚焦答案管理"概念。卡夫曼在书中给出了切合实际的建议，阐述了扎实的理论，而书中的案例让读者更好地投入其中，又觉得充满挑战。此书充满了实际的建议，比如"奇迹问题""流程图"，是管理者、总监、企业主、咨询师的必读书。

Key Resources咨询公司创始人，美国家族企业研究会（Family Firm Institut）主席

简·赫伯特-戴维斯（Jane Hilburt-Davis）